THE REAL EXORCIST

真正的驅魔師

大川隆法

Ryuho Okawa

台灣幸福科學出版有限公司

前言

這本教科書的內容，取自於我在戰場上的真實經歷。

幾乎每一天，我都會遭遇惡靈、惡魔、生靈等存在。

本來，向他們一個一個地說法，使之回到天國才是根本的解決之道。我們應該去洞察該靈體是為何而煩惱，看破惡靈之所以惡意纏上人們的理由，理性地、有理有據地與其論戰，並且明示如何才能返回天國的方法。如果不能解決根本原因，那麼驅魔就無法成功。

因此，平日的鍛鍊不可或缺，例如學習真理、精進、信仰、利他行等等。若是自傲於自己與眾不同，沉溺於貪欲、憤怒、迷惘之中的話，就會變成難以拯救之人。

養成謙虛踏實努力的習慣，將成為你靈性上的拯救。

二〇一九年四月五日

幸福科學集團創立者兼總裁　大川隆法

真正的驅魔師 目錄

目　錄
Contents

第二篇 真正的驅魔師 79

第一章 靈障對策的基本——從基礎知識到實踐方法—— 81

第一篇

現代的驅魔師

二〇〇五年一月一日

精舍法話

1 何謂惡魔

在日本，所謂的鬼就是指惡魔

本篇篇名是「現代的驅魔師」，是有點特別的主題。相信各位應該聽過「驅魔師」，至今有好幾部以「驅魔師」作為主題的電影，即使沒看過那些電影的人，也曾聽過驅魔師的事蹟吧！

所謂的驅魔師，就是專門驅除惡魔之人。

在基督教的世界中，每個人都知道惡魔，並且有很多人相信其存在，所以很容易理解。不過，惡魔在日本的知名度稍低，人們不易理解，人們對惡魔的印象，頂多停留在故事或童話當中。

在日本，人們反倒對「鬼」較為熟悉，自古就有「鬼出沒」的說法，事實上那就是惡魔。也就是說，過去日本所指的鬼，其實就是指惡魔。

在電影「大法師」中，分別使用著「惡靈」（Demon）和「惡魔」（Devil）這兩個詞。Demon是指惡靈或被稱為惡靈的存在，Devil則是指惡魔。惡魔就像是撲克牌當中的鬼牌圖案一樣，頭上長著角、面目猙獰。

雖然對歐美人來說，惡魔是非常熟悉的存在，但在日本人的印象中，似乎無法立即作出聯想，或許對惡魔有著屬於基督教方面的印象。

然而，佛經當中也曾出現惡魔的存在。

印度的惡魔，有時被稱為納姆奇（Namci），或稱為波旬（Mara Papiyas）。印度語的「Mara」，中文翻譯成「魔」。「魔」字這個字是一個複合字，為了翻譯Mara這個字，在「麻」字的下方加上「鬼」字，創造出「魔」這個漢字。而在印度，惡魔也是廣為人知。

各種宗教當中都有論述到惡魔

在基督教體系中，曾經是七大天使之一的路西法（Lucifer），是力量最大的惡魔。

此外，當耶穌於沙漠流浪四十天，進行斷食修行的時候，有一個前來迷惑耶穌的惡魔。那個惡魔對耶穌說：「如果聽我的話，我就把地上的王國給你」、「如果你是神的兒子，就試著把這塊石頭變成麵包啊」。

對此，耶穌回答「《聖經》（舊約）上寫到『不可試探神』」，並與那個惡魔展開了論戰。這個惡魔名為別西卜（Beelzebub），也是個相當強大的惡魔。

自從我大悟之後，至今已歷經了二十多個年頭，若要說和路西法或別西卜進行了多少次的對戰，我與路西法交手過數百次之多，與別西卜僅有十次左右。

話說回來，印度的波旬和納姆奇從未出現過，或許是因為他們長住在印度，還沒來到日本吧。

此外，在佛教系統中，出現頻率最高的是名為「覺鑁」的惡魔。關於這個惡魔，在初期的靈言集（收錄於《大川隆法靈言全集》幸福科學出版發行）中雖有記載，但只要一說出名字，就會發生各種狀況，所以當時用××來表示。

覺鑁是佛教密宗系統的惡魔。在日本，有許多屬於該體系的寺院，雖然講出名字會有一點問題，但是在奈良縣的長谷寺、東京都文京區音羽的某間寺院中，祭祀著覺鑁。

覺鑁建立了密教新義真言宗，也就是真言宗的一個派別，他被稱為真言宗的中興之祖，後人還封他為興教大師的稱號，備受人們尊敬。然而，因為他講述了眾多異端邪說，也受到了真言宗傳統宗派的迫害。

於是他移居到根來山，以密教僧的身分從事宗教活動，在不斷遭受迫害中越挫越勇，反而成就出偉大英雄的一面。

他遭受迫害的理由在於其教義錯誤，即便如此，他仍四處興建該體系的寺院。因為仍有人信奉該教義，所以當時我不想表現的太露骨，才在文字上有所修飾。在佛教系統中，這個惡魔最為糾纏不休。

這個惡魔現正進到了現代兩個新宗教，蠱惑著人心。一個是位於京都的密教教團，另一個則是位於東京的靈能新宗教。這個惡魔趁著這兩個宗教創立之際，趁機進入教團迷惑人心。

特別是密教屬於靈能系統，若不小心提防，惡魔就會入侵。一旦發展到信仰靈能力的方向，這個惡魔就會趁機入侵，蠱惑眾人。由於密教重視靈能力，若沒有去確認是否為正派的宗教，就會遇見眾多來自靈界的惡靈、惡魔。

在密教當中，有一個名為立川流的恐怖宗派，他們會在骷髏上塗上各種東西，舉行祭祀儀式。這個宗派並非源自日本，而是源自西藏。

近年來，某個承襲了西藏密教教義的日本新興宗教，引發了眾多殺人事件。他們雖然說「我們是承襲西藏密教的正統教團」，但其實西藏密教本身在發源初期，就已經被惡魔入侵。觀看在西藏密教被稱為尊師所寫的東西，就可知惡魔已經完全入侵其中。

幾乎沒有人能夠去驗證靈能系統的宗教團體，所以就算惡魔入侵了，也渾然不覺。興起了靈性現象，也會認為那是正確的，所以有著非常恐怖的一面。

就像這樣，惡魔經常出現於基督教系統和密教系統的宗教團體。

日本的神道應該也有惡魔，但是不常出現。或許本會的教義對他們來說太為困難，神道當中又區分了眾多分派，所以他們就忙不過來了。

然而，若是要舉例的話，在日本千葉，有一個從「生長之家」分派而出的宗教，其中有一個惡魔。

雖然結果因人而異，但有時光明思想是一種非常煽動欲望的思考方式。若是完全不思反省，僅是膨脹欲望的話，就會出現一個不會反省之人。其結果，就會容易讓惡魔鑽進來，任憑他們擺佈。

那個教團特別強調「世間所發生的惡事，都是為了讓所有惡性之物消失」，如此一來，人既不需要反省，也不需要懺悔，更不需要修正自己。

日本的神道系統也有著如此說法，惡魔亦正鑽入其中。

以相同的論點來看，佛教系統的他力門當中也存在惡魔。然而，宗祖透過切身的實際體驗進而創立了他力門，所以我不認為宗祖的法然或親鸞有問題，只是在流傳至後代的過程中，惡魔卻趁機入侵了。

安易、輕鬆的修行方式，終究還是須戒慎恐懼。若是抱持著很輕易就能悟道的想法，惡魔一下子就會潛於其中，實為嚴重的問題。

勿與惡靈教團扯上關係

世間的宗教多得不勝枚舉，特別是現代的新宗教當中，參雜著眾多怪異的團體，世人的評價也不佳。

在宗教剛開立之際，或許沒有那麼的怪異，但是當各種各樣的靈魂開始降臨的時候，惡魔就會趁機潛入。當教團得到某種程度的勢力，顯現出力量，逐漸壯大之後，惡魔就會潛伏其中開始蠱惑人心。

若是該教團的指導者欲望很強，既不可能停下腳步，也不會檢視自身之姿。聚集而來的信眾，通常也都是欲望強烈的人們。因此，以實現現世欲望為中心的教團，都聚集著只對那方面事物感到關心的人們，彼此根本不會察覺不對勁。

惡魔真的是到處入侵這樣的教團。

這樣的教團真的是數之不盡。雖然沒有那麼多的大惡魔，但其眷屬或者是同夥建立了眾多的惡靈軍團，所以最好不要和那樣子的教團扯上關係為妙。

不要想要加以折伏，把重點放在「增強自身之光，將教義廣佈出去」為宜。就算想要去糾正其錯誤之處，但數量實在太多，可能就在你拚命折伏的過程中，而使你自己反被說服。

因為會發生這種情形，所以實在不是很容易。

2 惡靈和惡魔的根源

不成佛靈在不斷累積惡業之後就會變成惡靈

惡靈，實則存在著眾多世間之人的強烈要素。

死後無法立刻回到靈界之靈稱為「不成佛靈」，若是變成不成佛靈的時間過長，在各種地方開始作祟時，亦可以稱之為惡靈。在家人、有地緣關係的人們，與特定場所有關人們的周邊開始興風作浪時，即可稱為惡靈。

例如，在某處公家機關的某扇窗戶，經常出現跳樓的自殺者，那是因為在那樣的地方存在著「地縛靈」，執著於該處，並且慫恿其他人也跳樓自殺。此外，在那些經常發生自殺事件的海邊，也存在著地縛靈。

當不成佛靈不斷累積惡業，漸漸地就會變成惡靈。

死後經過的年數越短之人，就越可能透過說服使其回到靈界，但若是時間過得太久，要回到靈界就漸漸變得困難。一旦長時間到處作祟，不會因為稍微反省流下了淚水，就被寬恕。

他力門的問題就在於，「罪惡不會在一瞬間就被寬恕」這一點上。累積幾百年、一千年、兩千年的惡行，即便接受說教之後洗心革面，但過去積累了太多惡業，如何消弭那些罪孽就是一個問題。

除了此人心中有著黑暗的一面，因為持續作惡的關係，所以還承受著來自於各式各樣人們的怨念。不只自己變成了惡靈，還一個又一個地將人拉進地獄，到處作祟，試圖增加同夥的數量。因為受到眾多人們的恨意、怨念，所以不可能因為此人說「我已經進行反省了」，就輕易地被原諒。不對過去種種惡行，做某種程度償還，其罪孽是不會消失的。

也因此，到了惡魔的等級，是不可能透過說服，進而使其回到天上界的。因為他在地獄的年份太久了，惡魔待在地獄已經一千年、兩千年、三千年了，要使其返回天上界，幾乎是不可能的事。

正因為無法返回天上界，所以他們乾脆放棄，在地獄界築起陣地，努力過舒服的日子。若是用世間的角度來比喻，這就像是與警察發生衝突的黑社會組織一樣，建立自己的巢穴，和氣味相投的同夥幹盡各種壞事。

也有人在不斷犯下各種惡行之後，想要金盆洗手，停止作惡，但此時反而覺得會失去自我。

若是被這樣的惡靈附身，想要加以說服，是絕對不可能的。所以不可太過於理會，應該把焦點放在如何將其擊退。否則無論怎麼努力想要加以說服，都不會起任何成效，因為對方已經作盡無數的惡事。

站在指導立場的人容易變成惡魔

那麼，什麼樣的人會變成惡魔呢？

平常人只要起了惡心、犯下惡行，就會變成惡靈。這並不僅限於做出犯罪行為，就算沒有犯罪行為，只要心中抱持著惡性意念、灰暗意念而過，就會變成惡靈。

總是心地黑暗、老是想著要做黑心事、一直跟他人起爭執、騙人、發怒、傷害他人、做了壞事也毫不在乎、心中總是充滿著破壞意念、情緒，造成周遭人們困擾、痛苦，進而自己死後無法返回天國，在地獄當中受苦、發狂，這就是惡靈的真面目。

而一旦變成了惡魔，就會變得有一點影響力、指導力和邪惡的智慧。惡魔的供應源，終究是站在指導立場上的人們。

例如，錯誤的政治家和獨裁者，就非常容易變成惡魔。殺害兩百萬柬埔寨人民的獨裁者波布，就是無庸置疑的惡魔。希特勒和史達林也是如此，站在政治家的立場上，以殺人為中心之人就會變成惡魔。

當然，在戰爭當中英雄們有時也會殺人，但在那背後是否有著佛神的大義、正義，或者就算有著正義，其行為又是做到何種程度，亦是留有評斷的空間。

光明的天使們，就算身處於可以殺人的立場上，但他們大多還是不會殺人。

這就好比勝海舟的劍術已到了極致，但他不會去殺人。桂小五郎以及之後的木戶孝允，都是劍術的達人，也從未殺過任何一個人。他們在危險的時候，總是選擇逃離，盡量不要和對方對戰。在那個時代，能夠不殺人而過是相當罕見的。光明的天使們，本來就不怎麼喜歡殺人，所以在危險的時候大多會選擇逃跑避戰。

然而，政治的指導者或軍事的指導者，若真的是為了崇高的目的必須得殺人的話，那也是沒辦法的事。為了改變舊時代，破壞惡性的體制，有時必須得那麼做才行，如此情形是會被容許的。

但是，如果是打從心底喜愛殘忍、殘虐的行為，為了實現自己的權力，進而用恐怖支配他人、殺害他人的話，那麼此人就很容易變成惡魔。除了在政治或軍事上，若是在思想上，迷惑眾人，對他人洗腦使其瘋狂之人，也會變成惡魔。在對他人有著重大影響力的人們當中，那些在世間遺留眾多重大惡行之人，很容易變成惡魔。

此外，惡魔也有著力量大小之分。

現代從事大眾傳媒之人或記者當中，有些人有著很大的影響力，在他們當中，不是為了世間也不是為了實現正義，而是為了滿足自己的欲望進而從事工作的人，即會變成小惡魔。此人有著五、六個手下，應該僅算是小魔王，有很多這類之人。

在思想家、作家等，發表自身思想的人們當中，也有那樣的人。小說家等，透過書寫惡性小說，洗腦眾人之人，寫了很多迷惑他人的小說之人，也有人會變成惡魔。世間非常流行著地獄文學，知名的作家當中也有人變成了惡魔。那些因為自己的影響力，讓人們頹廢、墮落之人，終究是有著變成惡魔的素質。

在官僚當中，活在權力欲望下，沒有慈悲心的人，也會變成惡魔。宗教家也能帶給眾人影響，邪教的指導者會變成惡魔，鮮少能夠回到天上界。因為此人不只講述了錯誤的教義，還讓眾多人們陷入瘋狂。並且那還不只讓他們在世間瘋狂，還把他們拉往地獄，在地獄當中和信徒們一起建立巢穴。這個真的是惡魔、惡鬼。

讓人心瘋狂，這是非常重的罪。

這樣的惡魔的數量，真的是多得不計其數，多說真是無益。

就像在夜晚的世界中，日本列島各處、世界各地的燈火會漸漸地點亮一樣，我也在像是眺望地球儀一樣，描繪著這世界的燈火能逐漸點亮。雖然整個世界仍陷入黑暗，不會立刻變得光亮，但我感覺到正在一點一點地變亮。

一直說其他人也於事無補，我們只能去做自己能做好的事。

變成惡魔的契機是因為自己欲望

我深切地感覺到，人真的是很柔弱。變成惡魔的契機，首先都是因為人所抱持的欲望，欲望正是惡魔的棲息之地。

只要有著肉體，就無法完全讓欲望消失。欲望是生存下去的力量之一，所以無法完全消除欲望，也無法讓欲望消失。因此，惡魔也無法完全消失。

因為無法切斷惡魔的供給源，所以會不斷地有惡魔產生。欲望正是他們的立足點、基地。

的確，欲望當中有幾成是正確的。任誰都想要追尋自由、實現自己、想要變得偉大、想要支配他人、把自己不好的一面隱藏起來、對他人吹毛求疵，這些都是人之常情。

在某種意義上，這是人性脆弱、怯懦的一面，也是人類無法避免的部分。這也可以說是人的平凡性，但這個部分就是惡魔的地盤，而且無法完全消失。

因為無法讓欲望完全消失，所以我教導著人們要如何控制欲望。就像指揮交通車流一樣，警察會以手勢或號誌，指揮來往車輛依序前進，但「車子想要前進」的欲望本身不會停止。車輛本身的設計就是用來移動，既無法停止那般「想要移動」的心情，心想著「想要移動」的人的數量還不斷增加，所以道路上才會滿溢著車輛。

自己想要移動，他人也想要移動，按照那欲望行事，就會發生事故。結果，這個事故就是惡的部分。在這世間當中，因為有很多人隨著欲望而過，進而與他人衝突，產生了惡。

即便日本每年有七千人死於交通事故，但仍有產出一兆日幣以上利益的汽車公司。這的確是難以想像的狀態，終究「人的欲望非常地強大」，或者是說「車子的便利性很高」。或許人們認為「即便死了七千人，但是能夠搭乘汽車，終究還是很便利」。

實際上也真的是如此，若是要像以前一樣，用走的從東京走到大阪，真的是很頭大的事。

就像我想撰寫「釋尊的傳記」，也遲遲無法下筆，那是因為釋尊幾乎都在走路。幾乎一整年，釋尊都一直走在印度的顛簸道路上，所以寫不出什麼內容。祇園精舍到竹林精舍之間，相當於東京到大阪的距離，釋尊每年都徒步往返這兩地之間。

直到現在，都還有人加以模仿，步行於山岳之間進行著修行。但在過去，因為沒有其他交通方法，所以只能用走的。釋尊一年當中，有幾百天都在走路。沒有外出步行的，就只有雨安居的時期。在為期三個月左右的雨安居期間，釋尊教團會停留在一個地方禪定瞑想。

就像這樣，釋尊的人生不是在行走，就是在某處進行瞑想，所以鮮少戲劇性。

回到先前的話題，若是整個否定「想要搭乘汽車」的欲望的話，在現代當中，那可能就會成為一種惡。若是對人們說「用人力車或馬車取代汽車」、「用自己的雙腳移動」、「用走的走到箱根八里」，那麼在現代或許就會變成一種惡。

另一方面，由於無法讓車輛消失，所以會時常發生事故，進而又衍生諸多之惡。現今就是如此狀態。

從這層意義上來說，雖說人有著欲望，但也有著「想要變幸福」的欲望。無法否定如此欲望，但「如何妥善地指揮交通，使其遵守交通規則，不讓事故發生，好好地運轉人生」，就變得非常重要。

自己當然可以想要變得幸福，只不過為了不因此造成眾人的不幸，該怎麼做才好呢？

為此，才會出現宗教。為了讓世人活得幸福，不要犯下錯誤，並且死後不要墮入地獄變成惡魔，讓地上人們陷入瘋狂，宗教才會於各地推動著各種活動。

但是，並非所有的宗教都是正派，也有眾多錯誤的宗教。當人們對宗教的評價不佳時，大多是因為世間充斥著錯誤的宗教。

雖然世間非常需要宗教來導正，但「從結果來看，宗教遂行的工作是否出現了成效」，對於世人來說有著眾多難以理解的一面。因為世人無法從世間看到靈界，所以難以判斷宗教的工作是否有成效，這實在是非常困難的問題。

惡靈或惡魔，存在於人的本性上。人可以愛自己，但惡靈和惡魔搞錯了愛自己的方式。

他們用「犧牲他人」的手段來愛自己，他們認為「為了自身幸福，就必須犧牲他人。若非讓他人困擾、痛苦、煩惱、殺害、失勢，否則自己就無法幸福」，抱持如此人生觀，試圖變得幸福的人，其末路就是變成惡靈、惡魔。

這個就是惡靈、惡魔的根源。

3 宗教的價值觀與惡魔的價值觀完全相反

宗教主張「施愛」和「無我的思想」

宗教拚命教導人們與惡魔的價值觀完全相反的道理。

宗教述說著「不可認為所謂的愛，就是愛自己的意思。施愛是很重要的，對他人的施愛行是很重要的。各位所認為的愛，幾乎都是奪愛。各位是否盡是想要從他人那裡奪取，想要被他人所愛，鮮少想到去關愛他人呢」。

任誰都想要被他人關愛，無論是天使或惡魔都是一樣。但是，被稱為天使的人們，都非常會自我犧牲。他們會為了他人，不惜身命而戰，其人生態度非常純潔。

惡魔們沒有那般純潔的態度，他們總是想要徹底地剝奪，並且不認為自己哪裡不對。他們不認為「從他人那裡剝奪愛情」、「從他人那裡剝奪物質，使人痛苦」、「奴役他人，若不聽話，就殺害對方」是一件惡事，反而認為是好事。

施愛與奪愛，只存在著微小的差異，然而宗教就是教導著人們其差異所在。

重視自己讓自己幸福，是一件重要的事。只不過，大部分的人都只在乎這件事。這是一個放任不管，就會持續增生的想法，為了讓人們轉換心境，我才會講述施愛的教義、佛教的無我的思想。

西方認為「對於人來說，確立自我是很重要的事，若自我沒有確立，則無生存下去的價值」，他們非常重視基於自我的生存方式。

然而，佛教講述著無我。若是說著「本來就沒有我」，從西方的想法來看，那就是一種「如此一來，人的尊嚴就會蕩然無存。權利意識是源自於尊重確立自我的想法。尊重人權、尊重追求幸福的權利，都是從自我而出。民主主義亦是為了追求自己的幸福而存在」的說法。

的確如此，但為何釋尊還要講述無我的教義呢？

要變得無我，的確很困難。在幾乎所有的人，都以自己為中心來思考的時候，若是當中出現了一個試著謙虛、無我之人，此人或許會被世間之人認為是瘋子。觀察動物、植物，大家都是拚命地為了自己而過。

在那過程當中，就是會有人拚命地不為自己。比方說，想像印度的甘地就能明白。

然而，那捨棄自己之人，實際上在成就偉大的工作，這就是不可思議之處。對於那些因為基於自我，進而活得痛苦的人們，這些進行著無我修行的人，其實正展現著拯救的效用。

任誰都想要變得幸福，為了擴張自我而努力，當自我和自我相互碰撞之際，就會變得互相憎恨，進而出現戰爭、彼此相殺。正是因為自我的擴張、權力的擴張、權利的擴張，所以才會彼此碰撞、痛苦。此時，藉由無我之人的出現，那些磨練自我之人的頭上之角，就會有所收斂。

惡魔頭上長出的角，就是自我的角。那是因為「我要、我要」的自大想法，而長出來的角。正是因為這個角刺傷了他人、令他人痛苦。這個自我的角，也代表著只考量名譽、欲望、貪婪的心境。若放任不管，人類就會變成這般樣貌，所以必須要有人講述無我、施愛的重要性。

人在本能上就是會奪愛，只要活於世間，就無法讓如此本能消失。人無法完全不接受他人之愛而過。即便是德蕾莎修女，過去也剝奪了他人的愛。若不剝奪他人的愛，則無法推展活動。她過去接受了政府的援助、眾人的援助，才能推展各種活動。

因此，雖說要無我和施愛，但從真正的意義來說，並非是完全不可接受他人的愛。但是，想法的中心不可在於奪取，而必須是給予。

十字架精神與無我的思想相同

對於基督教，若是單純地認為「耶穌在這個世間傳道失敗，被釘在十字架上處刑」，那麼耶穌的人生幾乎就是一個虛度的人生，不過基督教徒可不這麼認為。

從某種意義上來說，基督教的十字架思想，有一部分類似釋尊的無我思想。

雖然耶穌做為神子，為了拯救世人而出現在地上，並且一心傳遞自己的想法，也滔滔不絕地傳遞神的想法，對於這個世間沒有任何的妥協，最終被釘在十字架上死亡，但是耶穌想告訴眾人的是「即便犧牲了肉體，也有著應該要徹底守護的真實」。

耶穌如果說謊妥協，或許就不會死，但如果他執著於自己的肉體，那麼就和世間之人沒什麼兩樣了。

耶穌在臨死前騎驢進入了耶路撒冷，明知道自己將會被釘在十字架上，根本沒必要過去，但是他為了成就關於自己的預言，還是選擇捨身前往。

或許有人會想「在客西馬尼園流著血汗祈禱的時候，耶穌對世間生命還是有著執著」。傳說耶穌流著血汗並祈禱著「我父啊！如果有可能，求你不要讓我喝這苦杯吧」，又接著說「若一定要我喝下，願如你的旨意成全吧」，最後選擇接受苦難。

這和蘇格拉底喝下毒芹汁而死是一樣的道理。獄吏在監牢看守被關押的蘇格拉底時，拚命地對蘇格拉底勸說「這樣下去你會死的，趕緊逃走吧」，不過蘇格拉底仍堅定信念，為了自己的信念寧死不屈。即便周遭之人勸說逃亡，也沒有因此而逃亡。因為一旦逃亡，自己主張的哲學就會變成謊言。

蘇格拉底是為了自己的哲學而死。這一點和耶穌有相似之處，這兩位都被視為聖人。

《聖經》當中的福音書記載，被釘在十字架上的耶穌，臨終前說著「我的神！我的神！為什麼離棄我」。但是，耶穌不可能說那樣的話。說了這句話，就等於「耶穌沒有獲得覺悟」，所以那是錯誤的說法。

這就和說著「釋尊主張唯物論」幾乎是一樣的道理。釋尊曾說「肉體是脆弱的，如同泥造房子被洪水沖走一樣，終將滅亡消失」，進而講述諸行無常的教義。但若因此而認為「釋尊是唯物論者，不相信有靈魂的存在」，進而主張錯誤的無我論、佛教是無靈魂論，那就大錯特錯了。

那種說著耶穌在臨死前曾說「我的神，為什麼離棄我」的說法，是絕對錯誤的，那是絕對不可能的。

假如那是事實的話，那麼耶穌所說的教義全都會變成謊言。耶穌和我一樣，生前就和天上界的靈人們對話，所以絕對不可能有那種事。

當時耶穌是呼喊著亞列爾（Ariel）和拉斐爾（Raphael）等天使，跟他們說「我離開地上的時刻該到了，來迎接我吧」。

但就是有愚人把那句話解釋成像是喊救命一樣，寫進《聖經》當中。應該沒人會想變成那麼沒出息的弟子吧！寫出來之後又不能刪除。難道能改變遺留兩千年的東西嗎？如果有人想要加以刪除的話，那麼此人就會被視為惡魔了。

那只是一個沒有靈性感受，無法與靈界的靈人們進行溝通之人，想像耶穌說出了那番話。耶穌不可能是那麼軟弱的人。

即便到了現代，像遠藤周作這種作家所詮釋的耶穌形象，也是軟弱到讓人無法看下去。作者有著把主角寫成和自己一樣性格的傾向，他想像著「如果自己是耶穌，想必會……」並用文字進行描述，進而耶穌就變成了那般軟弱無力的形象，這實在是很可悲。

像耶穌那樣的靈性指導者，祈禱之後必能得到答案。一般人在祈禱之後，通常聽不到回答，但耶穌的祈禱必定有答案，因為他與靈人們能進行對話。當耶穌在客西馬尼園祈禱時，聽到了一位靈人說「你將會死」，進而耶穌就有所覺悟了。

這個十字架的精神與釋尊的無我思想相同。

耶穌想要教導人們的是，「人雖然仰賴肉體而活，但實際上人並非僅是肉體生命，而是有著貫穿此世與來世的生命」。

並且，他還想要教導人們「神的法不受世間的猶太律法、羅馬律法、統治這世間的政治法則所束縛。無論試圖用何種武力強迫，或者用劍來實現正義，都無法改變神的法」。

耶穌為了實證「雖然可以毀滅我的肉體，但無法毀滅永恆的生命，也無法毀滅神的話語」，進而選擇被釘在十字架上。

而且，耶穌甚至還準備了「復活」這個「場外驚喜」。不可讓人們不懂耶穌被釘在十字架的意義，只是以為「耶穌消亡了，在世間失敗了」，所以耶穌還興起了復活現象，讓眾人看到了其復活復甦的樣子。

光是《聖經》當中的記載，據說就有五百人左右見證到耶穌復活。因為有那麼多的人數，應該可以認為那就是真的吧。若是沒有這個復活，或許基督教就無法成立吧！

就像這樣，真實的思想是很難被理解的。

諸行無常、諸法無我的思想映襯出惡魔的荒謬

從耶穌之死可看出，耶穌的想法和惡魔的價值完全相反。就像別西卜勸說耶穌的那樣，惡魔會讓人們誤以為世間人生會一直持續下去。惡魔慫恿著人們，讓人們以為這個世間的權力、榮華富貴等，會永遠持續下去。

或許釋尊所述說的諸行無常、諸法無我的思想，會令人感覺到很黑暗，但這個卻是保護自己免受惡魔侵擾的重要想法。

「諸行乃無常，世間當中無一物是永恆，沒有任何一物能徹底保護，所有事物都將毀滅而去。不僅肉體會毀滅，不管是國王、天皇、大臣，或

者是藤原家的榮華、平家的富貴，所有都將從世間消失。這個世界當中，無恆常之物。恆常、永遠之物，只在於來世的世界」，如此思想強烈地映襯出惡魔的荒謬。

皈依於佛神的教義，並徹底遵守之人，將得永恆的光輝、永恆的生命。但僅是為了世間的榮華、榮光、權力、錢財而活之人，想要活得永恆，卻反而會逐漸凋零。就如同麥穗一樣，該收割的時候，就會被收割。

是否抱持著靈性世界觀，是否認識到佛神就存在於自己身邊，此人的價值觀就會出現截然的不同。若僅以世間為中心來思考，那麼不管聽聞多少關於靈界、佛神的話題，都只會覺得那很文學、哲學、抽象。

如果站在一百八十度完全不同的價值觀上，就可以看透所有一切，然而，即便是現代的宗教家或基督徒，對此仍是難以理解。

4 以理性和智慧與惡魔對戰

惡魔會朝欲望的部分攻擊而來

惡魔的誘惑總是出自於人的欲望。

進行宗教修行的人們，大多不會是惡人，一般來說，不會被惡魔所支配，他們並不會有著那般惡劣的人生態度。但是，如果是身於耶穌或佛陀的身邊修行，很靠近真理傳道的核心之人，就會因為些許的內心動搖而被狙擊。

通常，撒旦不會理會普通人，但身處真理傳道核心當中之人，撒旦會對於這些人內心微小的動搖、欲望下手。

惡魔最容易展開攻擊的地方，其中一個就是性欲。在人活於世間的過程中，這個欲望無法完全避免。情欲的部分，被認為是「修行的入口，也是修行的出口」，惡魔會狙擊此處。

在進行宗教修行的人，有很多是禁欲之人，也因此有時反而會被惡魔刻意誘惑。一般人沒有禁欲，所以惡魔無法鑽洞誘惑。即便誘惑那樣的人，欲望和混亂也只會稍微擴大，受害不會那麼嚴重。但是對於禁欲之人，惡魔會三番兩次地找上門來，試圖煽動他們的欲望，以至於情欲的部分經常地會被狙擊。

其次是食欲。只不過，現在已經是能夠吃得飽的時代，過去耶穌進行斷食的時候，惡魔拿麵包加以誘惑的手段，現在惡魔已經不使用了。釋尊過去在修行的時候，也曾經進行過斷食修行，惡魔對於釋尊也是在他空腹的時候用食欲去誘惑。但在現代用食欲去迷惑人心的情形，應該變得比較少。

還有一個就是權力欲、名譽欲。這個和性欲一樣，對於和宗教有關聯之人也是難以避免。宗教相關人士，特別可能會出現名譽欲，若是組織擴大之後，還會出現權力欲，這部分真的很難避免。

如何看待名譽欲、權力欲，是非常重要的事。「作為修行者能否不忘初心？能否回歸原點、初心？能否抱持自身是作為修行者的心境？能否保持謙虛？」對此必須時常提醒自己。

為了防止惡魔鑽入名譽欲、權力欲搞鬼作亂，就必須維持順從、謙虛的態度。所謂的順從，即是對佛神的順從，對真實的教法、教義順從。如此順從、謙虛的態度能夠保護自己。若是名譽欲變強，將難以保護自己。

此外，如果太多小聰明，疑心就會變強。有人總是會把焦點放在枝微末節之處，在那裡建立自己的理論，進而引發混亂。

就像這樣，修行者的情欲、名譽欲、權力欲，會被惡魔當作目標。

解決問題能力低落和迷惘會遭惡魔入侵

再加上，人活於世間之時，就無法徹底斬斷工作、家庭、人際關係的煩惱。

過去至今，修行者之所以單身者居多的原因，是因為單身的負擔會比較少。單身者不需要那麼高的生活水準，獨自生活比較簡單，亦不需要擔心家人的事，工作上的負擔會比較輕。只要管自己會不會餓死就好，相對比較輕鬆，所以宗教相關人士以單身者居多。

終究還是必須維持一定比率的單身修行者。若沒有那樣的人，這個世間將變得怪異。「維持單身，專心於修行」，這是修行者的本來之姿。「有著家庭並進行宗教修行」，負擔會變得很重，此人必須要具備一般成功上班族兩倍以上的能力。

心境純潔但遭逢失敗之人，大部分的原因都是出自於解決問題的能力。這和世間的工作能力、智慧有著關係。若是工作能力或智慧不足，就無法解決問題，致使問題堆積如山。於是，不管此人心境如何純淨，都會陷入左右為難、半夜無法入眠的狀態。

我在這二十幾年，看過眾多心境純淨之人，最後卻苦撐不下去的慘況，原因幾乎都是出自於工作能力的問題。

例如，當工作上發生了重大問題，對此無法加以克服之時，或者是家庭當中發生了麻煩，實在無法加以解決之際，此人就無法從那般煩惱當中逃離出來，進而變成了執著。此時，若是被惡魔纏上，那就無法遁逃了。

縱使遂行工作或掛心家庭之事是人之常情，但要是解決問題的能力，也就是乾脆面對問題，以理性來保護自己，這種的能力若是低落的話，這個部分就很容易被惡魔迷惑入侵，家庭或工作上的細小問題，就會慢慢地變嚴重。並且在不知不覺中，混亂逐漸擴大，自己變成了惡魔的尖兵、惡魔的手下。

此時，必須要去思索應對的方法。

世間的能力可分為，與生俱來的能力和後天磨練而成的能力，能力高低是因人而異。每個人的頭腦好壞，氣質、性格皆有不同。既有細心的人，也有人粗枝大葉。有人毅力堅強，能夠從事長期的工作，也有人耐心不足，只能做短期的工作。

若是自己不適合做這份工作或能力不足，無法解決工作上的問題的話，就只能選擇退一步了。如何打好撤退戰是很重要的，若不打撤退戰，被惡魔入侵，到時麻煩就更大了。

若是覺得自己欲望過了度，承接了超過自己能力範圍的工作，那就要主動地去拜託適合遂行這份工作之人，請求對方幫忙。

此外，若是那份工作本身，任誰去執行都無法達成目標的話，那就要去思索或者找人商量，那份工作的目標是否訂得太高。

例如，思索「能否延長完成期限」、「能否再追加十年的時間」、「能否先完成小目標」、「能否將目標細分，各個擊破」，稍微地打撤退戰，在自己的能力範圍之內，縮小問題的規模。

即便被人請客吃飯，能塞進嘴巴的量也是有限。無論多麼拚命，也不可能塞下一頭牛、一隻雞。嘴巴只能塞入有限的份量。

相同的道理，對於工作，也有自己能夠承受的範圍。

即便自己很有理想、熱情，心想自己正做著好事，但若是能力沒有跟上的話，現實當中就會出現麻煩。而惡魔有時就會在這麻煩出現的時候，找上門來。

因此，必須要竭盡智慧，好好地思索要如何才能冷靜、客觀地處理各個問題。

宗教當中的核心人物，容易被惡魔盯上

與惡魔對決之時，非常需要理性的力量，也需要智慧。

雖然惡魔不知道現代的學問，但他過去也曾經做過指導者，所以頭腦很好。

此外，如果過去是宗教家的惡魔，因為他也會講述宗教的思想，所以人們很容易被騙。在他的話語中，常常參雜著真理的話語，但其實都夾帶

著使人產生迷惑的內容，進而會讓人們因此受騙。

過去曾經是佛教修行者的惡魔，很熟悉佛教；而曾經學習過基督教，後來墮入地獄的惡魔，則是相當熟悉基督教。他們非常熟悉教義，所以人們常常會被他們欺騙。

為了不被那樣的惡魔欺騙，除了知識必須要充分之外，還必須要經常鑽研知性才行。若是有著慢心，即無法看破惡魔的破綻，戰勝惡魔。惡魔會說非常狡詐的話語，裝著一副自己是天使的樣子，必須要看穿其一瞬間的破綻。

耶穌和釋尊，都曾經和惡魔爭論過。

在佛經當中，曾有一段寫著「釋尊修行的七年期間，惡魔一直都盯著。但是，那就像是烏鴉在顏色近似肉色的岩石周遭盤旋，覺得那好像是好吃的食物，飛過去才知道那是岩石，於是悻悻然地離開。惡魔看了釋尊的修行之姿之後，才意氣消沉地離開」。

須知，惡魔總是如此伺機而動，特別是宗教當中的核心人物，特別容易被惡魔盯上。

如此一來就能明白，當時猶大為何會背叛了耶穌・基督，原因就出自於金錢問題和女性問題。

猶大在耶穌教團當中是擔任財務的職務，負責募集金錢的工作。這個工作非常重要，猶大的世間工作能力應該很高。

當時猶大總是費盡心思為教團籌措伙食費，但耶穌是一個無拘無束的自由之人，會突然想到要做什麼，或者是突然地跑到某人的身邊。明明是想要好好地鞏固教團，但偏偏耶穌常常跑去和批判教團的人見面，所以當時負責財務工作的猶大對此感到很不滿，經常向耶穌抱怨。

此外，最初教團的人數還很少，但後來信奉者越變越多，當熱心的信眾不斷出現之後，在某種意義上對於資深的弟子來說，耶穌．基督被那些人給剝奪走了。

猶大對於那些人開始抱持著嫉妒心。僅僅三年的時間，教團的影響力就變得很大，所以他的能力開始出現不足的情形。

一開始，掌握金錢的猶大身處很高的地位，但隨著教團逐漸擴大，其地位開始出現微妙的情形。

本會也有二十幾年的歷史，在這期間也發生了各式各樣的事情，在早期的幹部也經常被惡魔入侵。惡魔常常會附身在此人身上一到三個月左右的時間，為此，我導入了諸行無常的原理，讓教團的組織變得非常地流動化。教團整體組織，變化地非常激烈，所以就算惡魔想要狙擊某個幹部，卻因為人事異動頻繁，之後惡魔就難以侵入了。

剛開始的幾年，幸福科學的幹部常常遭受惡魔襲擊。一旦此人工作推展得不順遂，就被入侵了。

如果將某人視為「教團不可或缺之人」，此人就會被盯上。所以，越是重要之人，就越是要以不重要的方式低調對待。若是採取「你在不在都無所謂」的形式，那麼此人就能平安無事，然而，若一旦表露出「不可或缺」的態度，此人就會成為攻擊目標，在不經意之處，開始擾亂此人的心境。

因此，我建立了一個變化激烈的組織，就在我源源不絕地培養幹部，隨時都有人可以頂替上去的過程當中，惡魔便無法盯上任何一個幹部了。即使把某人給拉下來，總還是有人能替換，每一個幹部的影響力都變小了，所以就算被盯上了，問題也不大。惡魔也會考慮工作效率，不會去做徒勞無功的事。

欲望和名譽欲，最容易被盯上，所以必須用智慧加以對戰。

5 驅除惡魔的祕法「愛爾康大靈 戰鬥」

藉由眾多的念力構築結界

在幸福科學當中，有一個驅魔的修法，那就是「愛爾康大靈 戰鬥」，現今在全世界都在舉行著。

進行如此修法，其力量和此人每日的精進有著很大的關係。此人每日是否有學習佛法，是否有自我反省、祈禱，是否過著自律的生活，是否過著不愧對佛心的人生，其精進的程度，和驅魔的力量是連動在一起的。若是有好好地修行，那麼就會漸漸具備法力。

在日本宇都宮總本山正心館當中，會舉行擊退惡靈等祈願儀式。我的弟子們擔任著祈願導師，我曾經前往檢視到底惡魔有無因此而被擊退，經確認後惡魔真的是被擊退了。

然而，雖然惡魔會被擊退，但有時又會跑到其他人那邊，這就是棘手之處。如果被擊退之後，當場就能消失的話那還沒關係，不過有時就是會移動到其他人那邊。

為了不讓這種情況繼續下去，就必須加強整體的力量，創造結界，讓惡魔無法再待在那個空間。因為這是念力的世界，與其一個人進行，眾人一同進行的力量，終究還是比較強大。讓眾人集中要驅除惡魔的意念，惡魔就無法再待在那個空間。

在驅除惡魔時，必須要眾人以念力加以支援，創造出磁場，不讓空隙出現。不管是在支部或精舍舉行儀式，都不能讓空隙出現。為了避免「從這個人身上，跑到另一個人身上」的情形，必須盡可能地妥善建立起結界，就像大家手牽手串連起來團結一致。

例如，假設在精舍的禮拜堂內舉行驅除惡魔的儀式，若是在外面進行打掃工作的人，不經意地回頭一看，惡魔就跑進此人心中的話，那就太糟糕了。

如果僅是將惡魔單純地移動到他人那邊的話，實在是不像話，所以必須創造出一個沒有空隙的結界，讓惡魔沒有辦法再待在那個結界當中才行。而祈願者，也必須在惡魔被驅除的狀態下，在精舍當中經過一、兩個小時之後再回去才行。

以上即是須留意之處，而現實當中，惡魔真的是在祈願儀式中被驅除了。

十字和星形所代表的靈性意義

修法「愛爾康大靈　戰鬥」，是用手或使用降魔之劍進行，最初會先畫出十字。

基督教當中，會從頭到胸，之後再從左邊到右邊畫出十字，但「愛爾康大靈 戰鬥」是從左邊到右邊，接下來再從上面到下面畫出十字，這與基督教畫出十字的順序剛好相反。本來從哪邊開始畫都無所謂，但之所以採取先畫橫線再畫直線的順序，是為了表示「這裡不是基督教」。

光明的十字已被使用了兩千年，在靈界當中也是被熟知的記號。十字架的出現，代表「神力正在運作著」的警告，對於惡魔來說也會認為「神力要出現了啊」。

在畫出十字時，首先白色之光會橫向出現，之後就是直向的光明出現。從附身在他人身上的惡魔來看，會看到光明的十字突然出現，進而感到膽怯。

接下來是畫星形。惡魔對此也會看到一個發光的星形。

星星代表勝利的標誌，這亦是天界的標誌。這個星星在代表勝利的同時，也意味著天界的祕儀。

很令人意外地，陰陽師安倍晴明也使用這個星形。這個星形在《易經》當中稱之為「五芒星」，於基督教當中也常被使用。在宗教上，星形蘊藏著力量。

畫出十字和星形之後，最後將手或降魔之劍伸向前方。人的手掌有一個「脈輪」，那是能發出巨大靈力的中樞之一，此處會發散出強烈的光芒。

從附身在他人身上的惡魔來看，被切了十字，又被切了星形，最後再從星形的正中央發出強烈光芒。

遭受修法「愛爾康大靈　戰鬥」的惡魔，在被切十字的時候，會覺得自己被釘在十字架上，之後再被切星形時，則會像是被禁錮在結界當中動彈不得。先是被釘在十字架上，之後被禁錮在星形當中，最後再朝正中央的心臟部位，發射出光芒。

終究要以愛爾康大靈之光來驅魔

進行修法「愛爾康大靈　戰鬥」之人，需要具備信仰心。若是能抱持著「我是以愛爾康大靈之光驅魔」的心境，那麼靈力就會從本尊，也就是愛爾康大靈本體展現。平日即抱持著信仰心、透過修行磨練己心，越是謙虛，就越是會展現光明。

但若僅是以己身之力進行修法，就不會出現光流。務必要知道「驅魔之力終究是來自愛爾康大靈」。若想要用自己的力量驅魔，反而會招來惡魔。務必要認識到「自己僅是將愛爾康大靈之光導於世間的導線、導管」。

若是以愛爾康大靈之光來驅魔，惡魔就會認為敵人是愛爾康大靈。然而，若是你用己力來驅魔，惡魔就會認為敵人就是這個導師，「那我就跟你作戰即可」，惡靈就會朝導師的方向而去。

以個人之力作戰，一定會被找到破綻，終究還是要以整個教團之力對戰，並且和天上界成為一體，進行組織作戰。

越是累積每日的修行，其靈力、法力就會變得越強大，進而就會出現驅魔的力量了。

抱持「絕不容許邪惡繼續跋扈下去」的態度

惡魔已存在於靈界一千年、兩千年、三千年之久，幾乎不可能透過說服使其回到天上界。

被惡魔附身之後，有人會說出怪異的話語，所以想要說服附在此人身上的惡魔，也是浪費時間，惡魔會巧妙地陷害對方。就算此人哭著乞求你大發慈悲原諒他，或說著「請幫幫我」、「我已經洗心革面了」、「請收我為弟子」，也絕對不可以相信那種謊言。假裝流淚對惡魔來說，根本是小事一件。

絕對不可和惡魔交涉，總之驅除他就對了。以那般「絕對不容許邪惡繼續跋扈下去」的強烈心境，斬斷與他之間的關係。

雖然死了過沒多久的不成佛靈，在經過說服之後，的確可能回到天國，但惡魔是不可能的，因為惡魔的罪行重大，也因此，不讓惡魔再繼續作惡就變得非常重要。

因為無法讓惡魔消失，所以我採取的方針是「擴大光明的領域，藉此包圍惡魔」。到處建立光明的根據地、據點，包圍惡魔，讓他們的棲息地越變越小。

這是一個漫長的戰鬥，惡魔數量眾多，若非擴大教團本身的勢力，光是與其對抗是無法獲勝的。

幸好，惡魔不會互相合作。如果惡魔們相互合作，合為一體出現的話，那可就麻煩了，所幸他們都採取單人作戰，這一點實在是「太令人感謝了」。

假如地獄當中的惡魔都集結起來，會形成幾百人、幾千人，無法計算人數的勢力，團結一致攻擊而來的話，那就不得了了。但是，他們彼此之間會互相爭鬥，所以無法一起行動，必定是單獨出現。惡魔無法相互協助，全都是獨自行動。

與惡魔對戰之際，光明勢力必須建立起聯合戰線，共同作戰。如果惡魔也能建立聯合戰線，就會對同伴留意，或許因此就會萌發愛心。

惡魔總是因為自己的關心之事、當時的狀況，進而出現於世間，所以惡魔的攻擊都很鬆散，沒有組織性。正因如此，若能以組織戰加以對抗，即能獲勝。

即便惡魔想要建立組織，但彼此都是不會聽他人說話的人，所以是不可能的事。惡魔都是唱獨角戲，無法打組織戰。

對於惡魔，不可與其交涉，自始至終都要採取「絕不容許邪惡繼續跋扈下去」的態度。不可被一時懺悔、反省的話語給欺瞞、不可以為對方已經改過自新。那不是那麼簡單的事，他們要真正的改過自新，至少要花一千年、兩千年的時間。因此，要抱持著「絕不容許繼續作惡」的心境，以光明的勢力加以包圍。

為了成為現代的驅魔師，平日的精進非常重要。

在幸福科學的支部、精舍、本部等建立起靈性磁場之處，由累積修行的專業導師進行的驅除惡魔儀式，是最有效果的。若是對方力量很強大，一般的信徒的靈力不足的話，就有可能被擊敗。與其單獨一人進行，還是在有著靈性磁場的本會靈場，委由專家進行比較安全。

為了增強靈力，即便是一般的信徒，也必須和專業的導師進行相同的修行。此外，妥善地處理自身的問題，維持充足的睡眠和營養，確實做好健康管理，增強自身體力也很重要。如果自己抱持著各種問題，就無法驅除惡魔，因此必須將自己維持在最佳的狀態。

如果是單純的低級靈和附近的惡靈、小孩從學校帶回來的惡靈的話，信眾也可以自己在家中驅離，但若是遇到真正的撒旦時，就必須仰賴專家的力量了。

6 不過於在意惡勢力，將重心放在增強光明

在協助宗教工作的人們當中，有時會出現明明沒有做什麼惡事，卻因為心境紊亂，被撒旦入侵，導致人格被破壞，進而做出眾多怪異之事，最後離開世間。這實在是很遺憾，但也是沒辦法的事。

因為惡魔是帶著搗亂的意圖前來，所以即使在世間被撒旦附身而死，回到靈界之後，還是能夠回到天國的，對此請安心。那只是世間的苦楚而已。就算在世間被撒旦附身而死，回到了靈界，此人還是回到天國，與惡魔居住的世界完全不同。

若此人的心境惡劣，致使被惡魔附身自是另當別論，但如果是協助教

團，進而被惡魔附身毀滅之人，就算到死之前有幾年時間遭逢痛苦之事，但回到來世之後是回到了天國，所以請不用擔心。

就是有一些傢伙專門做著惡事，那也是沒辦法的事。雖然世間真有專作惡之人，不過那並不是我們可以改變的事。

總之，就是要先增強自身之光。

惡魔不擅於反省、祈禱、謙虛、順從、誠實、擁有信仰心等。惡魔無法對抗這般特質、這般與世間權力者的力量完全相反的特質，進而無法再持續附身下去。因此，要以如此特質與其對抗。

當教團的規模變得更大，支部、精舍形成獨特的靈域之後，驅除惡魔的力量就會變得更強。

但是，如同先前所述，終究必須要用靈性磁場之力、結界之力，以及「集結眾人力量，形成巨大力量」的組織之力，加以對戰。

並且，若是太過於在意惡勢力，有可能會被擊敗，所以對抗至一定程度之後，就請把它放在一邊。

不要太過於在意會長出毒麥，總之要努力播種，創造出眾多好麥。若不增加收穫，光明即不會增加。雖然還會對於毒麥在意，但不可總是把心力放在這裡。終究必須要增加眾多正心之人、正確之人、清心之人、活於幸福之人。

請時而如此轉換心境。

本篇以「現代的驅魔師」為主題進行了論述，但願能成為各位讀者的參考。

第二篇

真正的驅魔師

在心的世界中，存在著「波長同通的法則」，如果抱持負面的心境，就會吸引具有類似心境的地獄靈前來附身。因這個地獄靈的附身，而興起的現象即稱之為「靈障」。

也就是說，靈障指的即是「靈性的障礙」，亦是指人被惡靈附身，受到惡性靈性影響的狀態。一旦處於靈障狀態，除了健康會變差、會生病之外，還會出現不平不滿的心念或話語。這會帶給人際關係和工作等惡性影響，讓人生毀滅。

因此，作為對抗靈障的對策，就必須要對自己的心念、想法有無錯誤進行反省，調和生活作息，並且藉由切換為天國般心境的自己，遠離那些惡性影響。

第一章

靈障對策的基本

——從基礎知識到實踐方法——

二〇一八年九月五日說法
收錄於幸福科學特別說法堂

1 區分是否為靈障的方法

任誰都會經歷幾次靈障

關於本章的主題，雖然我曾多次透過各種不同形式講述，但其實這個是必須每年反覆講述的重要內容。

講述如此主題，也是想要提醒人們要「回歸到宗教的根本」。至今有很多主題是有關其他學問或者工作，但是這個題目，其內容和宗教有著強烈的關係。因此，從這層意義上來說，我必須要論述和靈性價值觀有所關聯之人生應有態度。

一如本章的標題「靈障對策的基本」，我打算盡可能地反覆教導人們基本的概念。

「靈障」、「被靈附身」等等事情，其實並非那麼特殊，任誰在一生中都會經歷好幾次。特別是「當自己進到預料之外的人生軌道時」、「遇上人生瓶頸時」、「在職場或社團的社群中，捲入了不好的人際關係時」等，常常就會發生靈障的狀況。屆時，人們就很難從中逃脫。

比方說，因為朋友的關係，誤入了一個惡性團體中，無法脫身。這個團體裡面的人不是日行一善，而是每天都做一件壞事，成員按順序執行，當被告知「下次換你了」的時候，你也會不得不作惡吧！

一旦從那樣的團體脫離出來，就會像是以前「如果金盆洗手的話，就會被團體所追殺」那般地被對待。過去人們一旦捨棄忍者的身分，據說到死之前都會被追殺。當身處在那樣的團體中，的確很難從中脫身。

人在那樣的處境下，就很容易發生靈障現象。

當然，犯罪之人也一樣。一旦加入企圖作惡之人的組織並參與犯罪，漸漸地就會沉浸其中，因此那些以犯罪為業的人們，基本上可視為惡靈已經附身在其上。

現在流行的「電話詐騙」、「匯款詐騙」，常以外甥或侄女的名義欺騙老人家，還說「如果不匯錢給我的話，就會有危險」。其中甚至還有人說著「把現金帶來車站」等話術，令人難以置信的是，竟然還真的有人因此上當。雖然不清楚詐騙者是否調查了老人真有外甥或侄女，但他們都不會親自去拿錢，而是交由「車手」去拿錢，進而騙走現金。

在街上偶爾可以看到呼籲人們小心被騙的告示，我常想「原來那種『工作』、『生意』還真能夠成立啊！」如果每日從事的都是這種勾當，那麼內心就會佈滿烏雲。那般行徑很靠近地獄，因此根據「波長同通的法則」，邪惡之物就會朝此人靠近。

基本上，若是從事相當於犯罪的行為時，惡靈就會靠近而來。

當然，是否構成犯罪會因國家而異，有些國家會依政策而有所不同。雖然有些國家是建立在錯誤的政策上，在那樣子的國家，有時會將抵抗國家的人們視為罪犯，認為他們是被惡靈附身。實際上，如此看法本身就存在著問題。

但是，如果是從事一般人皆認定是非法的行為，或長期待在從事那般勾當的團體的話，通常就會發生惡靈附身的狀況。

新興宗教中隱藏著「惡靈的巢穴」

宗教之所以經常會被人們厭惡，也並非是沒有理由。同作為宗教，的確是難以啟齒，但從江戶時代後期開始，直到明治、大正、昭和時代、戰後的平成時代，這段時間裡日本興起的新興宗教當中，實際上存在著眾多犯了諸多錯誤的宗教。

就我來說，我還能讀得下宗教學的辭典等工具書，但是遇到與新宗教相關的典籍時，我讀著讀著就會開始感到不舒服。因為那些書籍當中的內容，很明顯包含了類似「惡靈巢穴」的資訊。

特別是，現代的媒體傾向於「想提高或貶低宗教的聲譽，要不就一起吹捧，要不就一起貶低」，如此一來便使得情況變得更加棘手。

「宗教不相爭」，這是這幾十年來不成文的規定。因為只要宗教之間互相爭鬥，雙方被會被媒體所利用。因此，宗教之間存在著「一併被抬高，或一起被貶低」的一面，彼此關係變得很微妙。

幸福科學雖然主張「宗教當中存在著差異」，但很難以讓人們明白這一點，人們常常說著「不管哪個宗教都一樣，都盡說著非常不可思議的事」。

此外，當教團達到一定的規模時，就會出現一些怪人。就像那句「在日本每一百個人之中，就有三個人是犯罪者」一樣，在一百人規模的宗教中，即使什麼都不做，也會出現三個左右有牽扯到犯罪的人。

當教團達到一千人、一萬人或更大規模時，怪人就會以一定的比例出現。如果這些人的出現方式無傷大雅那倒還好，但若是有人做出了犯罪行為，那麼這個宗教就會完全被拖下水。對此，實在是有苦難言。

要區分「精神疾病或靈障」並不簡單

要判斷個人作為的是非對錯，同樣也是很不容易。

在《判例百選》中，關於「宗教的自由」及其界限，記錄著這樣一個案例：

「一個僧侶被判了罪，原因是他曾為一個被狐狸靈、狸貓靈附身的人進行驅靈時，要附身之人的家人幫忙壓住此人並敲打他，試圖將那些附身靈驅趕出來，但在那個過程中，被附身之人卻死掉了。」

如果，真的是被狐狸、狸貓等動物靈附身，那麼此人就做出眾多奇怪的行為，身邊的人也會察覺異狀。例如，開始用四肢爬走、走路一蹦一跳的，這些行為怎麼看都很奇怪。如果有人對宗教有一定的理解，那麼自然就會聯想「這是被動物靈附身了」。

如果將此人帶到靈能者面前，或許就會被說「必須要將附在此人身上之靈驅除才行」。不過，當無論如何都無法將靈驅除時，人們就會想要對附身在此人身上的靈，做出使其感到不快或討厭的事。因此，有時就會多少做出一些體罰的行為。

在基督教的驅魔系列電影裡，常有這樣的場景。與對待精神病人的處理方式相同，他們會讓被附身者坐在椅子上，並用皮帶固定此人身體，使其動彈不得，然後才開始進行驅魔。

從現象來看，因為精神病而暴躁不已的人，和因為強烈的靈障而暴躁不已的人，兩者之間很難區別，兩者之間類似的情況的確很多。因此，「首先，確認提出驅魔請求的人是否罹患疾病，如果是疾病的話就送往精神病院治療」，梵蒂岡的羅馬教廷會像這樣先確認此人是否有疾病的徵兆，然後才進行驅魔。

只是，在現實當中，要區分這兩者並非易事。

有一部著名電影「現代驅魔師」（The Rite，二〇一一年），由安東尼．霍普金斯飾演驅魔師。電影中出現了驅魔師為了區分「是醫學上的精神病還是惡魔附身」，進而調查對象是否具有超能力的場景。

例如，讓此人猜測不透明的塑膠袋中的物品，這相當於「猜東西」，更廣泛地說，就是測試是否具有相當於「千里眼」的能力。而在那部電影中，那個人猜中了袋子裡是一美元紙鈔，驅魔師便說「那是惡魔一般的能力」。

此外，突然說出此人原本不會的外語的「異言」現象，也是判斷的依據之一。甚至於，此人還能說出他人過去的事情，好比「你死去的父親，在將死之際，跟你說了某某話語」，「你媽媽那樣死去，真的是很痛苦」，「你的兄弟姐妹是如此這般」等等。

驅魔師看到這種情形，有時就會判斷「啊，這是惡魔附身啊」，進而開始驅魔。

然而，藉此要去判斷是否就是惡魔附身，著實有其困難之處。乍看之下，那好像是很拚命地去證實是惡魔的存在，但有時也有難以完全斷定的情形。如果是真正的靈能者的話，就能夠一下子辨別究竟是「惡魔、惡靈附身，還是其他的情形」。

2 與惡魔對戰之際的基本知識

惡魔會瞄準「有緣之人最脆弱的地方」

然而，靈道已打開之人會比普通人來得敏感。這就好像是房子有一個煙囪，聖誕老人可以順著管道進來，但其他的人也能夠進來。

此外，如果沒有清潔這個煙囪的話，聖誕老人就會被弄得灰頭土臉、烏煙瘴氣。同樣的道理，即便此人靈道打開之際，心境穩妥，但在生活中遭逢挫折障礙時，心境難免會有所變化，屆時何種靈性存在會靠近而來就變得很難說了。

基本上，雖然有「波長同通的法則」，卻也存在著特殊的例外情況。也就是說，若是讓某個人處於強烈的靈障狀態，任由惡靈附身或者惡魔附身的狀態持續下去的話，不僅是當事人，就連此人的家人、兄弟姐妹、父母親、孩子，或者是工作上與此人有關之人，都會間接被惡魔盯上。

就像下棋一樣，棋盤上的棋子一個接著一個被消滅，不斷地累積的情況下，終有一顆棋會導致敗局。同樣的道理，就算家人暫時沒事，或者工作上的成員也暫時無事，但總有一個環節是「此處崩解，就全盤崩解」。

就像這樣，惡魔往往會採用狼群圍捕羊隻的方式發動攻擊，瞄準「最弱的部分」，而且還是「最容易瞄準、且最有效果的地方」。並且，惡魔基本不會從「正門」攻擊，一般都是從「後門」。一般人是不會從後門進入別人家，但惡魔往往如此。

也就是說，惡魔會以你身邊的人、你認識的人為突破口，因為這些人和你比較熟悉，你難以逃避、難以拒絕，瞄準他們是惡魔的基本法則。

對此我已經歷過很多次了，方法基本相同。惡魔會採用狼群進攻的方式，瞄準「最薄弱的環節」。如果家裡有好幾個人，那麼最弱的那個人，就會先被攻擊。

在學校的班級裡，通常「霸凌會集中在某個被霸凌的孩子身上」，為了破壞班級，惡魔也會「瞄準容易欺負之人」。如果有人想要對被霸凌的孩子施以援手，變為他的朋友，那麼此人就會變成新的目標，遭到霸凌、孤立。霸凌者會採取「讓大家孤立他，讓他孤立無援」的戰術。

如此一來，此人就會被絕望感淹沒，漸漸不去學校，在職場被孤立，或是被家人疏遠，無法回到原來的人際關係中。

就像這樣，有時惡魔就是懷有明確的目的，並且瞄準狙擊，真的是很難纏。

與「特定場所」有關的「地縛靈」之對策

一般的惡靈，比方說與特定場所有關的「地縛靈」，人們只要不接近這些場所，基本上就與這些惡靈無緣。

有的人會去墓地試膽，或者想用相機捕捉幽靈而去墓地取材，經常往返墓地就有可能會被附身。所以說，要盡量避免靠近這些場所。

幸福科學的建築物附近，有時候會有許多寺廟或墓地，我都盡量不看，也不去那些地方。此外，在建造本會的建築物時，大多把格局設計成讓人們不會直接看到那些地方。

現在我住的地方，已經住了將近二十年。雖然附近有很多墳墓，但所幸「一到夏天，附近墓地的幽靈就跑來打擾」的情況，幾乎沒有發生過。應該是說，我努力讓自己不與他們產生任何關聯。

如果我每天都像散步一樣前往墓地，恐怕那些靈就會來找我。我外出時，雖然也會經過青山墓園附近的道路，但我盡量讓自己不去注意墓園的事。要是我每天都輕鬆地去那裡散步的話，或許不久靈就會來找我。如果他們知道可以和我說話，就會想要跟我講話或訴苦吧。因此，我的原則就是「避而遠之」，盡量避免靠近危險的地方。

接連出現自殺者的地點，也是危險之處。例如，「平交道」或「常發生跳樓自殺的大樓」。此外，「凶宅」也是一樣。因為常有人上吊自殺，所以那些房子會比行情價便宜許多。在許多恐怖片當中，常常出現那樣的房子，在現實生活中，還是盡量不要進去那種房子或房間為上策。

雖然有時會有無法避免的時候，不過最好不要逞強，避免不必要的接觸才是基本之道。

對於有上吊自殺或者死過人的房子，一般人大多心裡會毛毛的，但在日本，如果這個房子在發生命案之後，出租給其他人居住了一段時間的話，那麼就不再算是凶宅了。

因此，有些日本的房仲業者或相關人士，會用幾乎免錢的方式，租借這個房子半年或一年的時間，製造出「曾有人租借過這個房子」的情形。如此一來，之後在販售這個房子的時候，這個房子就不算是凶宅了。因為日本的仲介會用這樣的技巧，所以在找房子的時候，必須多加留意。

在美國的恐怖電影當中，經常有與房子有關的情節。比較常見的是，「在地下室或者某個特別的房間，曾經有誰死在裡面，所以當中住著一個幽靈，人們在那裡被附身，之後又被那個幽靈背後的惡魔附身」。英國的電影也常常出現如此劇情。

「偶然進到了地下室，發現了某種古老的物品，而那正是某人不幸過世之後留下的遺物」，或者「已過世的女兒的房間總是緊閉著，但走進那房間之後就被附身了」等等，現實當中常常會發生上述的事情。

那樣的地方，還是盡量少接觸為妙。

梵蒂岡的驅魔師所學習的內容

能夠驅魔的人，英文叫做「Exorcist」（驅魔師），人數非常少。據說梵蒂岡「每年會接到五十萬件以上的驅魔申請」，但實際實行的案件數量非常少，且被認定為驅魔師的人數也非常少。

此外，看了梵蒂岡培育驅魔師的課程內容，我不禁想「這樣就真的可以驅魔嗎？」

基本上，我認為「最好不要太知道惡魔叫什麼名字」，幸福科學盡可能不跟人們說惡魔的名字，但梵蒂岡的課程當中，有很多「要記住惡魔名字」的內容。他們還會給人們看惡魔的臉孔畫像或身形畫像。

或許在名單上列出了五百個左右的惡魔，並且還記載了惡魔們的各種特徵。他們為了獲得驅魔師的資格證書，或許就必須記住惡魔的名字和相貌。關於這一點我不是很清楚，也不知道他們是否真的親眼看到了惡魔之後把樣子畫下來，但確實存在著形象圖。

與惡魔對戰時，「不與其對話、不與其對看」

在梵蒂岡傳授的驅魔術，有幾個基本原則。

首先，要把被判定為被惡魔附身的人綁起來，剝奪其行動自由。因為此人有可能會出現暴力行徑，所以如果不綁起來就會很危險。

此外還有兩點，一是「不可與其對話。即使惡魔說了各種話語，也絕對不能聽」，二是「不看對方的眼睛」。

「不與惡魔對話」這一點，在驅魔師系列電影中一般都可以看得到。劇情中常常讓惡魔說華麗的台詞，但實際上，惡魔說出的是多為「污言穢語」。比方說，惡魔會說出在一般職場上讓人敬而遠之的髒話，或者無法在電視中出現的下流話等。原本少女等理應不會說出那些話的人，被惡魔附身後，講出的盡是猥褻的話語。

惡魔之所以這麼做，是為了攪亂進行驅魔儀式的聖職者的心境，打散他的精神統一。聖職者在灑下聖水，用十字架來驅除惡魔之際，如果此時和他說一些下流猥褻的話語，就可能會讓他內心動搖，心生膽怯。

此外，聖職者在面對惡魔時，如果在同一次元與其對話，其頻率就會開始相通。因此，「不可聽惡魔的話。完全不予理會。不可與其對話」。

那樣的場景，在電影當中常常出現，實際上也確實是如此。明明是一個公認的紳士或淑女，但突然間露出了惡魔的嘴臉，口吐不堪入耳的粗言，用「髒話」對驅魔師展開攻擊。

因此，「端正言語」非常重要。「還有能力端正言語，抑制得住講出猥褻的衝動」，這就是理性還能發揮作用的證據，對此不可不知。

基督教系統的驅魔師的基本原則是，「不可被惡魔所起的話題帶著走，不要聽惡魔說話」。

此外，還有一個是，「不可看對方的眼睛」。這是因為看了對方的眼睛，可能會被對方催眠。

只是，用拉丁語唸出《聖經》內容、灑聖水、將十字架放到對方的臉上或身體上，如此行為我有些懷疑到底能起多大效用。在電影或電視劇中，為了讓場面引人注意，經常會設計那樣的橋段，但我認為實際效果不會有那麼好。

惡魔不會像恐怖電影中那樣「口吐五寸釘」

此外，電影中常常出現許多可怕的場景。例如，在先前提到的電影「現代驅魔師」當中，就有一個被惡魔附身的孕婦口吐五寸釘的場景。雖說這個電影的宣傳海報上寫著「根據真實故事改編」，但從嘴裡吐出許多五寸釘，實在有悖於真實，這應該是為了增加戲劇效果而設計。

電影中由安東尼·霍普金斯扮演的驅魔師神父，在幫他人驅魔時對方不幸身亡，進而深受打擊，後來他受到惡魔擺弄時，自己也開始口吐五寸釘。

我想這個五寸釘，應該是象徵著耶穌被釘在十字架上時的長釘。然而，即便確實有所謂物質化的現象，但那樣描繪惡魔有那般「物質化能力」或「興起物理現象的能力」，就太過於誇張了。那樣描繪有點問題，現實應該很少會出現那種情形。

之所以出現自殘行為與自殺衝動的理由

大部分的人被惡魔附身時，就會自己責備自己，的確，有人會把繩子纏在脖子上想上吊自殺、有人想觸電自殺、有人想潑油點火自殺、有人想跳樓，也有人會對他人使用暴力。如果手邊有刀的話，被附身者也可能會持刀傷人，所以危險物品必須要放在不容易拿到的地方，或是藏在看不見的地方。

當然，在那種靈障者的周圍，如果有槍也會很危險。所以刀槍等都必須要小心放在遠離靈障者的地方。

此外，還必須讓其無法輕易地跳樓，另外還有可能因瓦斯中毒而死，所以要特別留意。能夠引發火苗的物品，或是汽油等其他易燃物品，也盡量不要放在靈障者的周圍。

另外，靈障者通常還會有自殘的傾向。

這是因為惡魔的聲音會在此人耳邊或腦中不斷出現，「去死吧！去死吧！去死吧」、「從高處往下跳吧！」等，這些聲音會一直持續，讓人無法睡覺。漸漸地，此人就會像是被催眠了一樣，開始想要付諸行動。

若是此人變得很虛弱，剛好遇到自己認為「這輩子完了」的事情，例如，被炒魷魚、失戀、考試落榜等等，那就非常危險了。好比說，「沒考上醫生執照，也許這輩子都當不了醫生了，也沒臉面對父母，我還是死了算了」，當此人靠近經常出現自殺的平交道，在電車開過來的時候，一個精神恍惚就會衝過去了。

此外，這樣的狀態下開車也很危險。這種類型的人，如果在開車的時候，某個瞬間惡靈掌握了操縱權，手就會聽其指揮。這麼一來，只要方向盤一轉，就可能會撞車或撞到路人。

還有，也有人會從屋頂或窗戶跳下去。當然，那也有建築構造上的問題，如果有防止跳樓的設備，就不會出現死者了。

過去有很多人從車站月台上跳下去自殺，但是，最近日本的鐵路公司，花錢興建了月台護欄，只有在電車進站的時候才會打開。架設護欄之後，很多地點就再沒有出現跳軌身亡的事故了。原本沒有設置護欄的月台，本來就存在著危險的隱憂。那使得靈障者被煽動著去自殺時，很容易縱身一躍就結束自己的生命，因此在這方面必須得更加留意才行。

如前文所述，惡魔會想要殺害被附身之人，或讓此人陷入事故當中。

美國與日本的恐怖電影之差異

美國的驅魔師系列電影，如同先前所說，會出現被附身之人口吐五寸釘的情節。又或者是，有些演員或導演為了演出效果，還會含著綠豆湯，然後再吐出來。

的確，「哇」地一聲口吐「綠色的液體」，確實讓人感到異樣，看起來就像是「被惡魔附身了」的效果，或許那樣做，的確更能傳達「被附身」的模樣。

然而，就我至今從事宗教工作三十幾年的經驗來看，「口吐綠豆湯（綠色液體）」是絕對不可能發生的事。

當然，會出現「因為反胃，把吃的東西全吐出來了」的情形。確實，出現靈障時，對食物的喜好也會改變，討厭的食物也會變得可以入口，也可能吃下去又吐出來。然而，「會吐出像綠豆湯那樣的綠色液體」，這在現實中幾乎是不可能發生的。

此外，電影裡還有「頭可以三百六十度旋轉」的場景，這也是不可能的。頭要是可以旋轉三百六十度的話，脖子就會斷掉並當場死亡，那種情節實在是太誇大了。

在美國的驅魔師電影當中，一定會出現讓惡魔在物理上展現力量的情節，但那多少也太誇張了。當然，這麼做能讓影片在美國大賣，但在日本就難以被觀眾接受。

日本的鬼片，在表現手法上比較細膩。當然，日本的電影也有為了煽動人們的恐懼心理而設計的情節，但通常不會用到那麼誇張的物理表現。因此，美國的恐怖電影在日本流行不起來，通常都只有一間電影院上映而已。同樣的，日本的恐怖電影，也大多沒有打入歐美市場。

作為日本的恐怖電影代表作，「貞子」（七夜怪談系列）、「伽椰子」（咒怨系列）等，是用與殭屍片相似的方式拍攝，好萊塢也曾翻拍過。但在日本於現實當中，鮮少能遇到以那種方式出現的惡靈、惡魔。我認為那可能是劇本作者自己，在表現的方式上超越或超脫了一般的常識。「在日本，死人像殭屍一樣在地上爬，還向人撲來」，這我既沒經歷過、沒見過、也沒聽說過。當然，幽靈引起人們內心的恐懼倒是有可能，讓人驚恐於「這種事情怎麼可能發生」！

又或者是，有時候還會出現「莫名的聲音」、「窗簾在動」、「燈光熄滅」等靈異現象。但是，日本鮮少看到如美國的靈異現象那樣，出現非常激烈的物理性力量的情形。

在這層意義上，美國的恐怖電影，與其說是恐怖片，基本上都是把驚悚的殺人事件，加入了幽靈、惡魔等要素。他們大多都是把殺人事件和幽靈、惡魔連結，進而拍攝成電影。

然而，現實中的惡靈與惡魔並非如此，他們幾乎都是攻擊「人心」。

3 驅魔的方法與應用知識

試著播放幸福科學法話的聲音與影像

如果身處於強烈的靈障狀態，即便此人不是靈能者，也會出現那些發生在靈能者身上的現象。也就是說，經常被惡靈、惡魔附身的話，就能常常看見靈或是能聽見奇怪聲音。

例如，如果在職場上總是被人責備，就會希望把耳朵蓋住吧！這時，耳邊就有可能會聽到聲音。如果出現了幻聽或靈聽，大多是發生了被惡靈或惡魔附身的情況。

此外，也有「被睡魔襲擊」的情況。當然，如果你整天都很想睡覺的話，有時候不代表有什麼特別的靈性原因。但是，如果在聆聽佛法真理的ＣＤ或ＤＶＤ時，經常變得很睏想睡覺的話，那就代表是睡魔侵襲所導致。

例如，先前提到的幻聽之人，如果讓此人聆聽我的講演ＣＤ或ＤＶＤ，那麼附在此人身上的靈，就會想方設法阻止此人聆聽。基本上，不到五分鐘，此人就聽不到了。

以前，在我還是公司的職員時，職場中有一個被犬神附身之人，令人意外的是，他對靈性世界有所理解。他對我說：「我會幫你保守秘密，請你幫我把犬神的靈趕走吧。」

我心想「既然如此，那就真得幫助他了」，於是我讓他聆聽蘊含真理的錄音帶，也就是靈言，但不到三分鐘他就睡著了，並且睡姿真的像是漫畫那般，還冒出鼻涕泡泡。當時我就感嘆「那對邪靈還真有威脅啊」。

早期的靈言，現在已經發行成冊了，但是當時他一聽我錄製的錄音帶，馬上就睡著了，這讓我感到驚訝，「哇！效果居然那麼好啊」。就像這樣，惡魔、惡靈具有讓人昏睡的能力，使其無法聆聽真理的話語。

類似的情形，也會在我的講演會當中發生。或許有一些人是覺得我講的內容太無趣而睡著，但那也是無可奈何的事。

不過如果太過於強調睡魔的威力的話，就會出現亂扣帽子的情況。好比我的弟子作為講師的時候，看到有人睡著了，就可能會說「你肯定是被惡魔附身了」。有人睡著或許是因為講話內容太無趣了，所以還是得避免無趣，在內容上下功夫才行。

不管怎麼說，「聽到蘊藏真理的話語，就開始呼呼大睡，進而變得聽不見」，如此情況是實際存在的。

判斷是否陷入靈障，讓對方出聲朗讀真理之書就能明白

此外，因為最近教團的規模變大了，我沒有直接與第一線接觸，所以有些情況不是那麼的清楚。但在早期，對於我的書，曾經聽人說過，「我看得懂書中每一個字，但內容就是讀不進腦中」。

無論是「讀書的時候會恍神，沒有把內容讀進去」，或者「文字一閃一閃看不清楚」，這都與我前面說的「聽不進真理之言」的情況是完全一樣的，有些人就是無法閱讀我的書。

當然，也有一部分人，是討厭閱讀所以讀不下書，所以無法一概而論。也有相反的情形，我自己有時也讀不進最近流行的小說。說明起來雖然有點複雜，但有時候我會覺得「這本書想表達什麼？實在搞不清楚。意義不明，情節也不清晰，真搞不懂作者的原意是什麼，所以完全讀不下

去」。無論如何，「讓對方閱讀幸福科學出的書，卻讀不進去」如此情況是確實存在。

因此，若是感覺到對方是處於靈障狀態，那就像先前所述，不是讓此人聆聽錄音帶或光碟，而是讓此人試著發出聲音朗讀我的書，一、兩頁就可以了，好比《太陽之法》（台灣幸福科學出版發行）、《佛陀再誕》（幸福科學出版發行）等。

讓此人試著朗讀一、兩頁，就能判斷是否陷入了靈障。因為如果是靈障的話，此人很快就無法出聲朗讀了。靈障之人無法讀我的書，或者讀了也聽不進去，會開始焦躁不安，此人舉止會變得奇怪，所以很容易分辨。

陷入靈障之人，對於前往「幸福科學的支部」或「神社」感到厭惡

除此之外，陷入靈障之人很難來到幸福科學的支部。對於進入支部當中感到恐懼，這不單只是對於宗教感到恐懼，而是可能因為靈障而不想進去。

例如，家中的成員之一是幸福科學的信眾，即便想帶此人前往支部，但此人就是不想前去。此時，有時是因為此人腦中知性的部分，讓此人不想前去，但也有時候是因為附身於此人身上的靈感到厭惡，才會讓此人產生不想前去支部的念頭。

這種抗拒之心，不是起因於討厭我的說法或書籍，而是起因於更「原始」的原因。

最近，人們經常至德島縣川島町進行巡禮，當時我的托嬰所（川島東保育所）就在從川島神社下來，通往最外側鳥居的坡道旁。

這個川島神社所祭祀的神，我並不是十分清楚，但我想並不是一位很有力量的神。但是，既然有神社，也有神職人員，也有人前來拜祭，所以應該稍微有些靈力吧。

我在小時候曾聽母親講過，關於川島神社的傳說。

德島有犬神，據說人們常被「犬神附身」。母親曾說過「很久以前，有人想把附近被犬神附身的老奶奶帶到川島神社去，結果那個老奶奶在穿過了鳥居之後，就突然開始以四肢爬行前進」。

我不清楚川島神社是否真的有那般靈力，但或許犬神是一種近似動物靈的存在，所以他們可能很討厭被帶到神的面前。

我小時候很常聽說那樣的傳說，所以應該那個神社也有點靈驗吧。

聆聽幸福科學的《正心法語》CD等，也無法驅魔的情形

本會的靈能者們會聆聽幸福科學的根本經典《佛說・正心法語》的CD，也會反覆去聽我的說法講演等CD。他們在與陷入靈障之人對戰之前，會帶著耳機，整個晚上聆聽《佛說・正心法語》的CD或我的說法CD。

當然，有時候那麼做就可以輕易地去除惡靈或惡魔。此外，如果靈障程度尚未那麼嚴重，那

《佛說・正心法語》（宗教法人幸福科學出版發行

CD「佛說・正心法語」（宗教法人幸福科學發行）

麼讓此人聆聽《佛說・正心法語》或我的說法講演CD，有時一下字就能加以去除。

然而，若是此人的靈魂已經開始「腐壞」，那麼此人和被附身於此人身上的惡靈，就已經相當程度的「同質化」。這就像是保存期限到期的食物一樣，內部已開始腐敗，就算你努力驅趕飛來飛去的蒼蠅，但蒼蠅還是會被那靈魂腐敗的部分吸引而來。

因此，就算播放《佛說・正心法語》的CD，也是無法驅趕「飛向腐敗食品的蒼蠅」。

如此說法是我根據過去各種經驗，了解所有狀況之後所講述，確實是存在著無法加以驅趕的情形。因為此人的「內在」，已經有很大一部分被腐蝕了。

這就好比在治療齲齒時，即便要用金屬或其他材質覆蓋住蛀牙的部分，如果牙齒蛀得很深，終究還是必須先治療那些部分。

對於無論如何都無法反省之人的對策

然而，基本上靈障嚴重之人是不會反省的。他們不僅有些事情想不起來，還容易自怨自艾、自我否定，對於反省會抗拒到底。

若是規勸此人反省，此人照做的話，那麼聆聽《佛說・正心法語》的CD，大概就能將惡靈驅除。

但是，如果惡靈已經糾纏很深，無論如何對此人規勸，他也不會反省，甚至還會堅持「自己沒錯，有錯的都是周遭人們」。這種情形，僅讓此人聆聽講演或經文的CD，是難以將惡靈驅除的。也就是說，此人的心境向著惡靈，想將惡靈剝離並非易事。

並且，此人一定會反覆說著「自己沒錯，有錯的是別人、環境，和周圍一切」，這就是每個人都有的弱點。例如，個性比較敏感的人很容易就受傷，肯定會說「錯的不是自己」。此外，一旦自己的意見不被採納，就會認為自己受到了不公平的對待。每個人在某種程度上都會抱持著如此想法。

只是，問題就在於那種想法能否被世間常識所允許，還是太過於誇張了。當然，有著領導者資質的人，對於自己的信念有時不會妥協，基於那般堅強信念，會說出那樣的話。

但另一方面，也有著「這棟房子連梁柱的底部都腐朽了，禁不起颱風肆虐」的情況。就算在房子的周邊做多少防禦設施，都無濟於事，畢竟梁柱都腐壞了，終將是一場嚴酷的戰役。

即便對此人進行驅魔儀式，現實上也有無法予以拯救的情形。因為此人已經太長時間，浸淫在惡靈、惡魔的價值觀當中。

這樣情形，大部分是此人從小就生長在「家中有惡靈」的環境中，飽受污染。這種家庭的家長，常常有推卸責任、怨天尤人的傾向，孩子自然就會受到影響。當然，小孩子有時會與父母吵架，但由於受到雙親那樣的影響，因此這些孩子長大之後，也大多不會對自己進行反省。

如果此人無論如何都無法反省，甚至還覺得自己被強迫要求在道德上進行反省的話，那麼至少要提供此人某些知識性的道理，否則此人是無從進行反省的。給予某些思考的材料，一點一點地讓對方進行思索是很重要的。

或者是，如同先前所述，如果對方無法聆聽講演、無法閱讀書籍的話，雖然很棘手，但就只能用簡單的「一轉語」或者「委婉的建議」來啟發此人。

有些人非得讓他遇到挫折，經歷像是頭被壓在地面般的慘敗，否則是拿此人沒轍的。雖然有些人即便是這樣也無法覺醒，但也有些人會因此多少有所察覺。

由靈查得知「昴宿星團有著階級制社會的傾向」

另外再補充一點，有時候這未必是靈障問題。至今為止，我進行了許多「外星人靈性解讀」※，關於昴宿星團※的靈魂，我發現有一個特徵。

※ 外星人靈性解讀　對眼前之人進行「靈魂記憶」的回溯，呼喚出其宇宙時代的意識並與其展開對話。地球人當中，有許多前世是從宇宙飛來地球的人。此外，還可與搭乘幽浮飛來地球的外星人進行通訊，並與其進行對話，此稱為「幽浮靈性解讀」。

※ 昴宿星團　牡羊座的散開星團。昴宿星團重視「美」與「愛」，有著近似歐美人體格的人類型外星人。能使用「魔法」和「療癒力量」。參照《與外星接觸》（幸福科學出版發行）。

當然，昴宿星團當中有幾個行星，我不清楚是否所有行星上的情況是否相同，但是，分析昴宿星團的靈魂就會發現，他們似乎活在階級制的社會當中。

也就是說，昴宿星團的社會，雖然無法明確斷言，但似乎大約有兩成左右的人們是上流階級，支撐上流階級的是剩下的八成人們。

然而，在外星人靈性解讀中，還沒出現過下層階級的人，出現的多屬於百分之二十的上層階級。因此，我們只有聽到這些人的說法，所以就會認為「昴宿星的情況就是這樣」。

其中，我們瞭解到的一點是，那些號稱自己來自昴宿星的靈魂皆說著「昴宿星沒有貨幣經濟」，似乎「透過工作獲得相對的收入，過著與身分相應的生活」的如此想法並不存在。

也就是說，人的地位是天生便決定了。昴宿星人認為「身為王族或地位較高的身分，接受他人的侍奉是理所當然的」。就像以前的大地主一樣，以前的大地主會徵收小農戶的一部分收成。而在昴宿星團中，存在著有像這樣「自己不進行農業勞作」的大地主一樣的人們。

此外，還有像公主一樣的人，以現代人能理解的話語來說就是「就像學歷的偏差值一樣，我非常聰明，所以人們都該服侍我」、「我的美人值、顏值比較高，所以我和你們這些普通人不一樣」。因此，有人會說「要侍奉我」、「要成為我的奴僕」。就像這樣，「昴宿星團似乎沒有貨幣經濟」的說法就合理了。

因此，過去從昴宿星團前來地球的日本或其他國家，自稱是神的人們，有著否定勞動和貨幣經濟的強烈傾向。

在這層意義上而言，昴宿星團的人們比較輕視「勤勉」、「努力」和「工作」。

此外，昴宿星團的人們當中，存在著有著強大自信，進而不會反省的類型之人，也有「不願意自己與他人相同」的類型之人。

昴宿星、織女星、仙女座、半人馬座外星人的「靈魂偏差」

還有一些尚未到那種程度的昴宿星人，會有著像狐狸一樣自尊心並且喜歡騙人。

附帶一提，在日本的古老傳說中，常常出現狐狸和狸貓變化成人的故事。在現代，雖然狐狸和狸貓都不會變成人了，但是在古老傳說中，各種故事混雜在一起難以分辨。其中有些是「動物靈」的幽靈，或是墮入畜生道的人靈作祟。但也有可能是昴宿星團當中擅於欺騙之人，在裝神弄鬼。

又或者，有些織女星團※當中的非正統之人在搞鬼。也就是說，織女星人有著容易變化外型的特質，透過改變外型來騙人、捉弄人，甚至會有著魔性，使壞搗蛋。

總之，各位要知道有些人的靈魂傾向性就是那樣。

昴宿星團的人們當中，有些人會因為自己是俊男美女，或頭腦聰明、家世顯赫，很容易變得驕傲。此外，織女星團的人，若是心理出現了一些扭曲，也會變得有些驕傲。而仙女座星團※的人，雖然實際上具有為正義而戰的傾向，但當他們陶醉於自己的強大力量時，也會漸漸地變得驕傲。

※ 仙女座星團　距離銀河系大約兩百五十萬光年，直徑為銀河系的兩倍左右，呈現漩渦狀。現在約以秒速一百公里的速度向銀河系靠近，預計將在四十五億年後開始撞擊銀河系。參照《與外星接觸》。（幸福科學出版發行）

※ 織女星團　天琴座中最亮的一等星。住在織女星團的外星人，可以配合對方去自由改變自己的樣貌，存在男性、女性和中性三種性別。具有「高度的科學技術」以及「療癒力量」。參照《與外星接觸》。（幸福科學出版發行）

另外，半人馬座星團※的人們當中，有很多人在智慧和科學的發展上頗為得意，他們會容易陷入主張科學萬能或唯物論的思考方式。

諸如此類的「靈魂偏差」，會讓有些人偏離本會所教導的教義，所以各位在某種程度上要認識到有這種情形。

※ 半人馬座星團　半人馬座團的行星，或是指住在那裡的外星人。在過去的外星人解讀中，確認到半人馬星團當中存在著α星，β星，θ星等各式各樣種族的外星人。被視為科學技術發達的「知能之星」。參照《幽浮靈性解讀Ⅱ》（幸福科學出版發行）

4 惡魔與邪教的謊言技巧

如果不是正確的靈覺者，就無法看破「惡魔的真面目」

先前有提到，在基督教系統的「驅魔教材」中，據說還有教導惡魔的名字。也就是說，他們的基本步驟是拿出十字架、灑聖水，朗讀《聖經》，大喊「說出你的名字，快說」，逼迫附身在此人身上的惡魔說出自己的名字。

這個基本理論是「如果能讓對方報上名號，那麼驅魔就完成了一半。惡魔一旦被人知道了自己的真面目，就會退散」。

的確，這在一定程度上是有效的。在日本古老傳說中，如果識破這是「狸貓附身」、「狐狸附身」，或者「這是狸貓變的」、「這是狐狸精」的話，就會怎麼樣呢？

比方說，一個看起來美麗的姑娘，或者外表看起來像是和尚的人，一旦他們「狸貓」或「狐狸」的真面目被人識破，就會馬上露出原形。這個原理就是「如果能夠識破對方的真面目，那麼對方的法力和靈力就會立刻消失。因為無法繼續待下去了，自然就會退散」。當然，這種邏輯是存在的，所以那般作法的確有發揮作用的一面。

然而，如果並非是正確的靈覺者，也就是說若沒有具備靈性覺悟的話，那麼惡魔就會盡情地說謊。先前曾提到電影當中被惡魔附身之人會口吐綠汁、釘子，或許是為了戲劇效果，但惡魔可真是會謊言連篇，說著一堆莫名其妙的話語。即便問他「你就是某某某吧」，惡魔還可能會說「是啊」，所以對於讓惡魔報上名來的作法，多少有些疑問。

例如，我曾看過某個電視節目，介紹著一位在南美洲進行著驅魔的天主教徒，我記得此人像是西班牙人。他為各個被惡魔附身而身體狀況不佳的女性驅魔，轉動其身軀，一邊厲聲說「某某某啊，你給我出來！」

然而，那個被附身之人所處的環境，看來就是一個普通的農村。在梵蒂岡當中還能排上名的有名惡魔，是不可能去附身在一個普通農婦的。但是，那個人卻說著「妳的身體裡進入了某某惡魔！某某某啊！你給我出來」，之後就說「治好了」。惡魔並非每日閒來無事，所以一般不會附身在無名小卒上，而是會找有更好效果的目標下手。

在現今的時代中，惡魔會找上那些「有影響力的人」，因為只要讓此人犯錯，就會產生一連串的連鎖反應，致使其他地方崩潰。

的確，即使是普通人也可能因為惡性靈性影響，而罹患疾病或身體不適，但是大惡魔是不會去附身於一般普通人的。

從這層意義上來說，基督教系統的驅魔師的基本理論「若能夠叫出惡魔的名字，即能使其退散」，存在著錯誤。

對於初級的靈能者來說，大多數無法看破附身者的真面目。附身在他人身上的惡靈大多在說謊，如果驅魔師相信了對方的謊言，就容易被算計。就像這樣，因為驅魔師常有判定錯誤的情形，所以必須要保持謙虛，並且還必須事先對「欺騙技巧」、「說謊技巧」等進行瞭解。

明明無法加以看透，卻因為覺得自己是靈能者，進而輕易相信附身在自己身上的靈，如此興起的宗教往往會成為邪教，對此各位務必要小心。

老是推薦要供養祖先，變成「惡靈生產工廠」的宗教的錯誤之處

此外，還有一種情況是惡魔或其他惡靈等冒充「被附身之人的祖先」，即冒充已經過世的父母、祖父母、兄弟姐妹等。

有很多宗教會一味強調要供養祖先，於是很多並非當事人的祖先的靈就會集中於此，很多時候該宗教就會變成「惡靈生產工廠」。

當然，對於依據真理而過生活的人來說，供養祖先並使其有所覺悟是件重要的事。但是，若是以把責任推給他人、環境的態度去供養祖先的話，當中就存在著問題。

例如，有些宗教主張「有問題的不是你，而是已經死去的父親、母親、祖父、祖母、兄弟姐妹等等。因為他們在暗地裡作祟，所以你才會那麼不幸。這就是所有事情的原因，所以你只要進行祖先供養，你就能夠得

救」、「只要切斷和祖先之間的因緣，你就能獲得幸福」。

密教系統當中的某個宗教，會教人們「在一千個日子當中，誦讀某本經書，並且一邊摩擦佛珠、一邊跪拜的話，就能切斷與祖先的因緣」。或者是教導人們「如果能夠切斷與父母親的惡性因緣，你的事業就會成功、學業有所成就、婚姻即能美滿」，把責任都推給父母親。

的確，世間當中有些父母親的行徑很不像話。「不長進的父母」、「外貌醜陋的父母」、「品行不佳的父母」、「聲名狼藉的父母」、「事業失敗的父母」等等，世間當中有各種類型的父母。

這個時候，一旦聽到「你的父母事業失敗破產，是因為他們有著『破產的因緣』。只要你切斷了這個因緣，那麼你在事業上就能成功」，就有人會自動上鉤，任人宰割。

但是，事實並非如此。沒有所謂的「破產的因緣」，而是思考方式有問題。經營能否成功，是「思考方式」、「知識」、「經驗」的問題。

因此，我認為祖先供養，現在變成了一種被人惡意利用的工具。

「壞事為一切都會變好的徵兆」是光明思想的騙局

當人們生病、家人去世等很多不幸發生時，也有一些宗教會宣揚「這些都是否極泰來的徵兆，雖然現在是最壞的情況，但這些是所有壞事在崩解的過程，是命運的自我毀滅的作用。崩解已經開始，接下來就只會越來越好」。

我認為這其中參雜著某些混淆視聽的說法。

屋漏偏逢連夜雨，壞事不斷之時，大多一定有其原因。不尋根溯源，不從根本上消除原因，盡是說著「接下來就只會變更好」，那只是搪塞敷衍而已。

的確，對於前來諮詢人生煩惱的人來說，「壞東西都被去除了，接下來一切都會變好」，也許這種說法會讓人心生喜悅。但信奉光明思想的團體當中，也存在著錯誤的宗教。

5 避免自己深陷靈障的自我檢測法

「端正己心、規律生活」是基本

某些宗教在推薦人們進行祖先供養，其中其實存在著一些騙人的把戲。如同先前所述，好比「切斷與祖先的因緣，為他們進行超渡，你就能獲得幸福」、「只要徹底斷絕父子關係，你就能幸福」等等。

但是，千萬不要上當受騙。基本都一樣，重要的是「要端正己心，並且每天規律地生活」。

若是再說得細一點，還要做到「日行一善」、說出「正確的話語」。

若是人際關係上犯了錯，如果來得及的話，就要和對方承認自己犯了錯誤，好好反省並加以改正。

例如，如果你欺負了別人，就要和對方道歉，「我想我用了錯誤的想法欺負了你，實在是很抱歉」。或者，如果在工作中犯錯，給公司添了麻煩，還說謊把責任推到他人身上，之後感覺良心過意不去的話，就要真誠地向公司道歉，「其實犯錯的人是我，非常抱歉」。

只要能做到這一點，惡靈就無法長時間附身在你身上。

這或許和基本道德很相似，但請從自己能做到的地方開始做起。

只要心朝著正確的方向，抱持著「重新打造自我」、「遠離邪惡之物」之想法的話，聆聽幸福科學的根本經典《佛說・正心法語》或我的說法錄音的話，效果就會顯現。

反過來說，如果有人抱持的是「最好用最輕鬆的方法就能得救」的想法，想很自私地解決靈性問題的話，很遺憾，大多都無法如願。

這是因為，人一旦被惡靈附身，基本上就會開始對他人誹謗謾罵、惡言相向，責任都推給他人，自己不思反省。

此外，如同先前所述，一旦被惡魔鑽入心中，就會開始說很多非常猥褻、不堪入耳的話語，侮辱聖職者的工作。也就是說，惡魔會擾亂人心，激怒他人，干擾其精神統一，要留意惡魔的這些特徵。

與未來科學有關的「精神統一」

附帶一提，根據最近的外星人解讀得知，外星人也十分重視精神統一，如果精神統一被干擾，就可能發生幽浮的墜落事故。

幽浮的操縱系統與火箭不同，構造非常簡單。據說是與心的統一、精神統一高度連動的裝置，是配合操縱者心的波長來控制的。

也就是說，幽浮是透過心電感應來控制。幽浮能夠接收到「心念」而移動，因此據說如果是處於靈障狀態的外星人駕駛幽浮的話，就可能會墜落。或者，若是操縱者離開了幽浮的話，幽浮本身也無法飛起來。

就像這樣，似乎「精神統一」與未來科學也有著密切的關係，希望各位對此有所知悉。

若是不改變己心，就算趕走了附身之靈，之後還是會回來

本章我是以複習基本知識的形式而論述，當然也有加入一些新的內容。若是你認為「自己已經很了不起，已經走在眾人的前方」，那就很容易忽視最基礎的部分，所以請務必經常地回歸初心。

例如，讀不下去佛法真理的書籍、無法觀看我說法的DVD、聽不進去CD、無法讀誦或聆聽幸福科學的經文、出現了強烈地抵抗感、想要站起來逃走、恨不得把耳朵塞起來、夜晚失眠等等，如果上述情形發生在你身上的話，那你就要意識到「危險」了。雖然情況不會立刻改變，但請你一步一步地往好的方向靠近。

此外，養成經常前往幸福科學的支部、精舍的習慣。也許有人會認為，自己一個人在家什麼都可以應付，但通常都會陷入野狐禪的情形。接受學習真理之人的訓諭、意見是非常重要的。

另外，我經常舉行講演會，如果你想檢測一下自己的狀況，可以前來參加。

屆時，如果你感覺到己心被光照亮，那就表示你正朝著正確的方向前進。

然而，如果你前來聆聽法話，卻感覺耳朵好像被罩起來了一樣，無法聽見，或是感覺周圍的人看起來像外星人，自己像是被孤立的異邦人士，甚至於是感覺不大舒服的話，那就或許被什麼東西附身了。如果還像是漫畫那樣吹著鼻涕泡泡睡著的話，這也是有點危險。

如果你聽到某些很不中聽的話語，之後你就不再想聽下去的話，那就真的危險了。因此來參加我的講演會，可以說是對自己的某種「實驗」，不妨可以偶爾前來聆聽，自我檢查一下。

當然，因為講演的氣勢，那些附身在他人身上的惡靈，有時會被「震飛」。前來參加演講會，有時候就會得到那般「利益」。然而，一般來說，如果你的內心不改變的話，即便惡靈被驅逐了一段時間，之後還是會再回來的。

若是不端正己心，終究「慣性法則」會持續作用。例如，列車全速前進時，就算踩了剎車，還是會往前滑行好幾百公尺，不會立刻停下來。相同的道理，心靈傾向也是無法瞬間停止，對此請務必有所理解。

以上，即是我對「靈障對策的基本」之論述，但願本章內容能成為各位的參考。

第二章

真正的驅魔師

——打敗惡魔的終極力量——

二〇一八年五月九日說法

收錄於幸福科學特別說法堂

1 傳授之人甚少的「真正的驅魔師」

為了成為「真正的降魔師」、「驅魔大師」

本章的題目為「真正的驅魔師」，換言之就是真正的降魔師。本章內容是關於如何成為「驅魔大師」。

關於這個主題，過去我也曾講述過某種程度的內容。例如，我曾出版過《惡魔防衛術》（幸福科學出版發行），還曾用英語講演過和本章標題相同的「The Real Exorcist」，之後還出版了英日對譯版的書籍。此外，我還出版了《驅魔師概論》、《真實的靈能者》（均為幸福科學出版發行）等各類這方面的書籍。

我認為這樣的內容，必須要持續出版才行。這是因為惡靈和惡魔會一點一點的不斷變化，人們很容易就產生混亂，無從分辨。

輩出眾多覺悟於「正道」的人們十分重要

然而，能傳授驅魔方法之人，沒有那麼地多。

即使是基督教中，恐怕耶穌之後的兩千年間，幾乎不存在能正確傳授此道之人。

但是，有些人在舉行驅除惡魔的儀式之後，能偶爾發揮力量，就形式上而言算是有模有樣。觀看西方的驅魔儀式，或者是恐怖電影，就會發現大概就是那樣定型的儀式。然而，到底驅魔之人了解到何種程度，就有若干的疑問。

佛教當中也是，有人對於何謂驅魔十分了解，但有些人是一知半解。例如，弘法大師空海對於驅魔想必就十分了解。他應該知道如何才能驅除惡靈、惡魔，並加以調伏。並且他也知道要達到那種程度，就必須進行何種修行、必須獲得何種覺悟。

另一方面，有很多宗教對於何謂驅魔不是很清楚，要去解釋「如此宗教過去在歷史上獲得了何種評價」，就實在難以加以說明。

以現代來說，被稱為「新興宗教」的宗教，大多不太受人喜歡，幸福科學也不例外。

以下是新興宗教之所以會被人們討厭的理由之一。如果新興宗教真的被賜予了天使、神、佛之力的話，自然會出現「尊貴感」、「純淨感」。但很多人實際前往該教團參加活動之後，就感到自己哪裡不太對勁，感覺自己的人格發生了變化，周遭的人們也開始注意到那異狀，進而規勸「還是不要再去為好」。

也有一些教團，整個像是被惡魔的網子籠罩一般，並且那還是已經發展到很大規模的教團，很明顯地，那已經無藥可救了。

就算那些是對外宣稱信徒有幾十萬、幾百萬的大教團，卻已經完全陷入惡魔的騙術之中。因為那樣的宗教信徒人數眾多，所以信徒死了之後，甚至還會跌入屬於這個宗教的地獄。要想從中將靈魂拯救出來，並非一件易事。

在這層意義上，人生在世之際，既有可能走上正道，也有可能誤入歧途，因此，輩出眾多覺悟於「正道」的人們非常重要。

2 不成佛靈容易出現的「場所」

不成佛靈長期滯留於地上，就會經常「作祟」

在電影《相信黎明的到來》（製作總監．原案大川隆法，日本二〇二〇年十月）中，出現了「降魔成道」的場景，但在現實中，我深感「降魔真是一件艱難之事」。

本來，世間當中有很多人不相信靈界的存在，也有很多人不具有靈性感覺。對於這些人來說，他們完全不把靈性事物當作一回事。這些人當中，既有科學家也有醫生、哲學家、普通的商人。因此，在「表面」的世界裡，降魔會被當作「愚昧無知」而遭到嘲弄。

然而，現實當中靈力確實發揮著作用。

人死了之後，陷入迷惘不知該前往何處之靈，稱為「不成佛靈」，亦可稱為廣義上的「惡靈」。這些不成佛靈不知該前往何處，也無法回到天上界。

不成佛靈長期滯留於地上，就會經常「作祟」。正因為他們對於死後的世界完全沒有任何知識，只能徘徊在家人、朋友、同事的附近，或者待在土地、家中，進而引發了各種靈性現象。

如此一來，在那個環境當中的人們就會漸漸變得不太對勁。

不成佛靈會待在「特定的場所」或「與家人有關的地方」

在日本與歐美，「驅魔片」和「恐怖片」的共同之處就是「地點」，在某個地點會出現惡靈作祟。

例如，那些劇情的模式常常是「一家人搬進了某間房子，於是就開始被惡靈騷擾」。在那樣的地方，多半有人被殺害或死於非命，死後的靈對現實感到迷惘，並對那個地方抱持執著。

在西方的故事中，糾纏於房子當中的靈或許比日本多，那是起因於西方的房子耐用年限比較長。

在西方，有很多用石頭建造，超過一百年、兩百年的堅固房子，屋齡越久價值越高。並且，若是還有「幽靈出沒」的話，有時候房屋的價值還會進一步提高。

美國的歷史比較短，所以「鬼屋」或者「鬧鬼的房子」，據說會被當作是有來歷的名門，反而「價格會更高」，不過這說法應是見仁見智。在英國等歐洲國家，在城堡那樣的地方基本都有幽靈出沒，也同樣有鬧鬼的房子，價值更高的說法。

日本的房子由於耐用年數非常短，所以很少會遺留下古老的房子。與歐美相比，糾纏在房子裡的靈比較少。但儘管如此，鬧鬼的地方就是會鬧鬼。在那裡自殺或殺人的地方，大多是曾鬧鬼的地方。

無論日本還是國外，住在曾發生命案或有人自殺的飯店，就有可能會被那些幽靈襲擊。並且，以那地點為緣，有時會被靈給附身。

學校也是如此。在學校遭受霸凌而自殺或被殺的孩子，因為沒有人教過他們關於靈界的知識，他們父母的靈也不會來學校接他們回到靈界，所以他們就會一直維持孩子的樣子，徘徊在學校當中。然後，若是出現了相同心境的孩子，好比一樣受到了霸凌進而想要自殺的孩子，他們就會慫恿這孩子真的去自殺。這是在學校怪談中常常出現的故事。

就像這樣，有一些靈與特定的「場所」相關。

此外，因「家庭關係」之緣而出現的靈，家人就難以逃避。例如，父母親或其中一方身故，或祖父、祖母、兄弟姐妹身故，如果這些身故的人死後感到迷惘，基本上大多會找上家人。

這時分為兩種情況，一種是「此人知道有靈界，希望獲得拯救而前來尋求幫助」，另一種是「對靈界一無所知，無處可去而前來」。

只是，每個人都有某種程度的靈性感受，一旦被不成佛的家人之靈附身的話，就會感到不太對勁，或者是變得被他人厭惡、工作不順利。

由於確實存在如此情況，所以首先必須要切斷不成佛靈的供給源，必須教導人們知道「人原本是生活在天上界，自己選擇了父母親，轉生到世間。在世間生活的這段期間的心境及行為，決定了人生的正邪，並且也決定了自己死後將前往何處。如此機制是實際存在的」。

但是，靈界與靈都是眼所不見，雙手摸不到，所以難以讓人相信。

「筆仙」最初招喚而來的靈是？

在西方電影中可以看到歐美版的「筆仙」，幾個人呼喚幽靈，將手放在文字盤上移動，在這過程中就會被惡魔附體。

在日本玩「筆仙」的時候，基本很少出現被大惡魔附身的情況，此時來的靈大多以動物靈居多。

歐美的房子常常有地下室，人們會在那裡進行呼喚亡靈的儀式。或許就有一個過去與那地點有緣的不成佛靈，呼應了人們的呼喚而來。

最初，前來附身於人的往往是人類的不成佛靈、身邊已亡故的親人或是與土地相關聯的惡靈。

然而，若是這個被附身的人引發了社會問題，或是將不幸擴大殃及周遭的話，那麼此人就可能會被認為「具有成為某種武器的潛質，或是有利用價值的人」。漸漸地，就會有「更大的惡魔」前來附身。

此外，假如此人是一個靈異事件的愛好者，但是對於靈魂卻一知半解，很多靈魂就會靠近而來。當此人覺得正興趣盎然時，真正的惡魔會被「喚醒」，出現在此人身邊。

對此，實在必須要小心。

在學校等場所，孩子們會玩「筆仙」，文字板上寫著「ＡＢＣＤＥ」等字母、數字、「〇」、「×」等圖案。孩子們把手放在十元硬幣上，手就會開始移動。

這樣玩的過程中，硬幣所指向的文字會漸漸發生變化，當出現「去死」、「跳下去」等句子時，孩子們就會發出尖叫。在報紙的社會新聞版面上，有時會出現這樣的報導。

因此，很多學校都禁止孩子們玩「筆仙」。

3「附身的原理」與實際狀態

地獄靈會附身於「有著相同心境之人」的身上

關於「靈會找上什麼樣的人」的問題，事實上有著各種各樣的情形，對於像我們一樣從事宗教工作的人來說，不僅親人或身邊的人之靈會找上門，甚至還能會被真正的惡魔盯上，敵人非常地多。

在這世間當中，正上演著一場為了謀取支配權的大戰，那即是天上界與地獄界之戰。

從地獄的世界來看地上的世界，那就像是「明明海邊的淺灘附近有鯊魚在游泳，但在海面上卻有小孩坐在船上或橡皮艇上玩耍」。鯊魚們在水面下游來游去，心懷鬼胎地等待「人們落下水中」的時機。地上世界與地獄之間的距離，就是如此之近。

地獄靈之中，有很多在地獄待了很久，已經完全惡魔化的人。那些死後只過了五十年、一百年左右的靈，會抱持著「想要回到地上」的執著。於是，他們會四處尋找能回到地上的方法，進而用「附身在有著相同心念之人」的方法。他們一旦附身在人們的身上，就能暫時從地獄的痛苦中逃離出來，體驗當人的滋味。

通常，他們無法長時間一直附身在人身上，但如果是一天中的某段時間的話，就可以做得到。

如果白天無法下手，基本上他們就會趁人睡覺的時候下手。在大半夜或凌晨之際，讓人經歷「鬼壓床」、做惡夢，或讓人痛苦到全身是汗，搞出一些靈異現象。

這對被附身之人來說，實在是很難熬。

惡靈從地獄無法轉生投胎，所以附身於地上的人們

在西方的惡魔電影中，常常會出現「惡魔作為小嬰兒出生於世間」的劇情。電影《失嬰記》（一九八六年）有這樣的橋段，而在電影《天魔》（一九七六年）當中，頭上被刻著「666」數字的惡魔之子轉生人世。

如果惡魔、惡靈真能作為靈魂宿於女性的子宮，並轉生於人世間的話，那麼他們就沒有必要從地獄逃出來，附身在人身上了。然而，正是因為他們無法透過如此方式來到世間，才會附身在人身上。

靈魂在地獄的狀態下，想要宿於母親的子宮當中，並轉生為人是非常

困難的。若非找回一定程度的心靈平靜，至少回到天國的狀態，達到最低四次元的精靈界※的心境的話，否則就難以轉生到世間。

我認為這就是「附身的原理」存在的理由。

如果就算變成了惡魔、惡靈，都還能寄宿於女性腹中，轉生成人的話，那麼惡魔的孩子就會不斷地降生於世間。如此一來，世間就會變得更加難以拯救了。

發生在「沒有犯罪記憶之人」身上的事

地獄界非常靠近地上界，所以地上之人常常會

※ 精靈界　在靈界當中，根據每個人的心境與覺悟，劃分出所居住的世界，在地球靈界中有四次元到九次元的靈界。在精靈界當中的人們，雖然還沒有擺脫地上的生活習慣，但已經是「對自己是靈性存在有所覺悟」的階段。地獄是四次元的一部分。參照《永遠之法》（台灣幸福科學出版發行）。

受到來自地獄界的靈性影響。並且，如果二者產生共鳴的話，地獄靈就會附身到人的身上，進而可以體驗地上的諸般滋味。

在某些失去意識的精神障礙中，有時候會出現「自己完全不知道，剛剛自己用刀刺向他人」的情形。這或許是此人的靈魂被驅出了體外，惡靈占據了此人的身體，殺了人之後，惡靈離開，當事人的靈魂歸位，進而自己沒有殺人的記憶。

雖然法院會基於法律進行審判，但其中有附身的問題，所以很難加以判決。當然，在刑法上，若是被告無「行為能力」時，也就是說自己無法控制自己的精神狀態下，就不會被定罪或減輕量刑。的確會有法院根據醫生的診斷等，來量處刑責的例外情形，對此，人們在某種程度上是有所理解的。但是，要去證明那在宗教上的意涵，就有點困難了。

現實就是如此，有著十分嚴峻的一面。

難以對受到靈性影響之人做出「善惡的判斷」

「受到靈性影響之人」，會依據其「周遭人們」是什麼樣的人，決定了此人能否度過「被認同的人生」。要對受到靈性之人做出善惡的判斷，實在是非常地困難。如果周遭人們認為此人「不正常」，那就會被視為不正常。但如果有人願意相信此人，他就能獲得保護。這個問題實在是難以論斷。

幸福科學創始之初，大概有三年左右的時間，設置了「入會申請制度」，我會去看希望加入本會之人所寫的申請書，判斷是否接受其入會。在那些申請書中，有一封來自精神病院的申請書，我一看發現此人是我東京大學法學系的學長。

本來，那個人結了婚也有工作，但是有一天突然聽到了靈的聲音，於是引發了各種狀況。結果他把這些事告訴周圍的人之後，他的家人覺得「這肯定不正常」，便帶他去精神病院，之後就把他安置在那裡。

他在申請書中寫道「你能想想辦法，讓我離開精神病院嗎」。然而，這是一個連我自己都有可能被視為精神病的微妙案子，醫院也不會因為我跟他畢業於同一個大學，進而就此放過我。從這層意義上來說，周圍人們要去判斷此人是否正常，的確是非常地困難。

當被靈性存在附身之時，有很多行為在世人看來會感覺很奇怪，但是要將其視為「異於常軌的行為」，還是「在經驗上是有可能的」，就是一個難以判斷的問題。

4 對戰方式①
伴隨著危險的外科手術型驅魔師

梵蒂岡「驅魔師」的恐怖案例

受到惡靈影響的人，確實就像驅魔師系列電影中演的那樣，會施展暴力，發出怪聲。

此外，也會發生傷害自己身體等流血的自殘行為，更讓人感到恐怖的是此人會加害他人。對人毆打踹踢、揮舞球棒，一旦對他人施暴，就會變得非常恐怖。

總之，若是被附身者處於完全無法控制自己的狀態，周遭之人就必須有所防備。醫學上可以讓此人喝下鎮靜劑，或者，雖說近來非常困難，但若有客觀的證據，得到梵蒂岡的許可，就可以接受驅魔師的除靈。

然而，在驅魔師進行驅魔時，有時會出現非常激烈的抵抗，在驅除惡魔之際，常有暴力情形發生。

我在學生時期曾看過這樣的憲法判例：「本想幫對方除靈，但因對方暴力相向，進而自己也加以回擊，對方不堪回擊，進而死亡。對於此事件，在與信教的自由的關係上，應當要如何判斷？」

在那則判例當中寫著：「或許除靈的行為包含於信教的自由，但若因此致使對方死亡，那就過度了，進而判決有罪。」

在這層意義上，在除靈時，有時對方會暴力相向，也有時候會變得像是野獸一樣，實在有其困難之處。因此，或許有時必須要施展力氣加以壓制才行。

例如，在精神病院當中常常看到病人的手腳、身體被綁起來，否則就會因為暴力而遭受傷害。或者是，梵蒂岡的驅魔師會用皮帶綁住對方，不讓其動彈，以防對方施展怪力。

遇到口出「異言」的惡魔時，只靠《聖經》、十字架、聖水很難將其驅除

就像這樣，由於歐美系統的惡魔念力很強，有時或許還會展現物理力量。在那些驅魔師系列的電影中，會出現人體漂浮起來貼在屋頂，或者是人在牆上斜著跑的場景。

至今我還沒親眼看過那種情形，不知道那是否是真的。但這個世界很大，搞不好是真的也說不定，但迄今為止，人違反重力貼在屋頂上，像是

壁虎一樣爬行，或是倒著上樓梯之類的情形，我是真的還沒見過。

然而，能夠想像的是，當被惡靈、惡魔附身時，會出現傷害自己的身體、把別人一手抓起來、辱罵他人、或口出「異言」等自己不會說的話語等。此時，有時會是聖靈在講話，但有時則是附身在此人身上的惡魔在講話。

異言當中，有時會出現講拉丁語的情形，此時有可能就是惡魔附身在其身上。

能讀懂這種拉丁語的，多為西元後到中世紀左右的神父或修道士等聖職者階層的人。這些人在進行驅魔時，會用拉丁語讀誦《聖經》，但是惡魔有時也會說拉丁語。

此外，亞蘭語據說是耶穌當時使用的語言。耶穌的弟子中，有很多人是加利利海的漁夫。漁夫們基本都說亞蘭語。亞蘭語是耶穌出生地的在地語言。

因此，據說耶穌在傳道說法時，都是用亞蘭語進行，在異言現象中，似乎經常出現講亞蘭語的情形。

我也會說亞蘭語，所以我也曾發生過講述亞蘭語的異言現象。有時候還會出現更加古老的語言，例如古代美索不達米亞的語言或古埃及語。

這種時候，有時候是聖靈在講話，但也有相反的情況。能夠說出如此古老的語言，估計不是普通的惡靈，而是大惡魔。

對方生前可能曾是古代的僧侶階級、王族，或是接近貴族階級的高官之類的人物，死後在地獄裡也成為了握有相當權力的人物。這種情況下，來者多為這樣的靈。

對於這樣的靈人，我認為讀誦聖經、灑聖水等對戰方式，恐怕沒有多大效用。

5 對戰方式②像「漢方藥材」一樣的防衛方法

保護自己免受慢性惡靈、惡魔攻擊的方法

雖然有那種外科手術式的「急救手術」的作戰方法，但事故率非常高，其實還有另一種像是「漢方藥材」一樣，慢慢地展現效果的作戰法。

終究平日認真地做好防衛是很重要的。「每日要遵守道德」，如此說法或許會被人嘲笑，的確宗教有時也會被他人嘲笑。但是，「抱持正確的信仰心，度過規律的生活，正常地工作，留意不放蕩度日」，就能夠保護自己免受慢性惡靈、惡魔的攻擊。

現代人對於佛教的戒律，大多是抱持嗤之以鼻的態度。

例如，佛教否定金錢欲，否定對異性的欲望，要人們「不可說謊」、「不可飲酒」、「不可殺人，不可傷人」，甚至有些時候還將不殺生的範圍擴展到動物。

因此，在現代當中那有著難以完全遵守的一面。然而，那些戒律有著一定的效果仍是事實。也就是說，人生當中有很多契機，會導致人格崩壞、墮落，對此必須多加留意。

因酒精、毒品、興奮劑所引起的理性麻痺的危險

此外，在過去「不可飲酒」是戒律之一，但現在異常過度的吸菸，或者是毒品、興奮劑應當也該成為戒律的對象。日本對於毒品和興奮劑的管

制還很嚴格，但是在美國，就連當過總統的人，都曾表示自己曾吸過大麻。在西方，有漸漸承認大麻等興奮劑為合法之物的趨勢。

然而，儘管麻痺理性能獲得一時的快感，但有時候也存在著危險。讓理性麻痺，就等於「容易被惡靈附身」。

例如，在酒館之類的地方，存在著眾多不良的靈或無賴漢靈，一旦人喝多了，就很容易被那些靈附身。就這層意義上來說，「不要飲酒過量，不要流連過晚」的規則還是有其必要的。

如果去了亂七八糟的地方，人格有時會改變，或是變得不知道是誰在講話的情形。有時會在夜裡看到馬路上的醉漢，或者是在公園、車站的長椅上醉得不省人事、大聲亂叫的人。

這樣的人已經失去了理性，在喝醉酒的時候，被惡靈入侵的可能性非常高。喝酒喝到搖搖晃晃，理性沒有辦法發揮作用，真的是很容易被惡靈附身。

附帶一提，過去我在商社服務時，有時不得不陪同事飲酒應酬。那時的經驗就是，平時當我呼喚高級靈時，一下子就能與其相通，但是當酒醉的時候，常常是無論是怎麼呼喚，就是沒有任何反應。即便來了一個靈，我卻處於「無法判斷來者何人」的狀態中。

因此，在攝取過量的酒精之後降下靈言，再怎麼說都是非常危險的。恐怕毒品等興奮劑等也是這樣吧。服用了那些東西，就會人為地像是進入靈能者的狀態。

例如，在印度一帶的瑜伽修行者之中，有很多人使用著毒品，或許那是為了進入幻覺體驗吧。在某種意義上，那能讓人經歷靈魂脫離肉體的經驗，前往靈界，有時還能聽到其他靈的聲音。

本來是必須要透過坐禪，才能達到那種狀態，但是他們嫌太麻煩，況且有人在販賣毒品或興奮劑，一聽說「只要用了這個就能辦到」，於是便用那般簡便的方式，獲得了類似體驗。因此，不可以太過於相信那些修行者所講的話。

有很多古老宗教的修行者採用那種方式，實在必須加以留意，總而言之，最重要的是端正自己的生活。

瞭解自己的「弱點」，解決世間能解決之事

當惡靈或惡魔在瞄準世人的家庭時，都會尋找「最薄弱的地方」下手。因此，家庭當中比較薄弱的人，就必定會被他們盯上。

例如，狼在抓羊的時候，會盯上小羊、受傷的羊或落單的羊。換句話說，「無法融入組織文化，總是獨來獨往的人」、「在家庭當中，總是被

孤立的人」，比較容易被盯上。

因此，惡魔真的是從「後門進來」，從最容易襲擊的地方下手，這或許和小偷摸進家中的做法十分相似。究竟哪裡有空隙可鑽，只要繞著房子看一圈就明白了。

比方說，「可以打破窗子進去」或「後門比較容易進入」等等。又或者，若是發現「備用鑰匙總是放在玄關的郵箱裡或盆栽的下面」，小偷就能用那個鑰匙進入房子。很多小偷就用如此方式，進到別人的房子。

也就是說，如果將肉體比喻成一幢房子，一開始可能「玻璃窗戶破了」，接下來就是「大門壞了」，再接下來就是「梁柱壞了」、「牆壁崩了」、「屋頂破洞了」等等，各式各樣的地方，逐漸出現了縫隙。

有一個故事叫做「無耳芳一」，故事當中的芳一為了不被平家的幽靈侵襲，他請人在他的全身都寫了經文，結果耳朵上竟然忘了寫，所以他的耳朵就被扯掉了。就像這樣，「只要有可乘之機，就會被盯上」，這就是惡靈和惡魔常用的手段。

人的一生當中，終究會出現煩惱。若是你想了解「自己的煩惱是什麼」、「縫隙在哪」，就請試著回想「一天之中，發呆的時候，反覆出現在腦海的是什麼」，那麼你就能找到解答。

那應該是你擔心的事，或是無法解決之事。腦海中反覆出現的事，大抵上就是煩惱的根源。若是有著煩惱，惡靈、惡魔就會順著那煩惱找上門。因此，很重要的一點就是「不要讓自己在世間出現縫隙，能解決的世間事，就加以解決」。希望各位能夠把世間當中的縫隙，努力地一個一個消除。

不埋怨他人與環境，靠自己的力量判定正邪

若是遇到無法解決的難題，就要去請教比自己更有見識、有經驗之人的意見，在某種程度上，參考他們的判斷，調整自己的想法。

然而，若是一個容易被惡靈附身類型的人，優柔寡斷，拿不定主意，就有可能被他人的意見所左右。因此，若是被惡靈在耳邊低語的話，此人就很容易動搖。

在這層意義上，若是自己刻意地透過「知識」、「經驗」、「膽量」、「整體靈魂」的力量，養成「判斷正邪的力量」的話，就不會被輕易地作弄。如果沒有那般力量，能輕易解決的問題就沒辦法解決，反而會變成大問題。

「世俗能力低落的類型」、「優柔寡斷的類型」、「分不清輕重緩急

的類型」之人，若是遇到必須要扛超出自己能力範圍的責任時，就會開始出現苦惱、混亂，進而讓惡靈、惡魔有「縫」可鑽。

並且，若是又被他人惡口相向、批判，感到受傷難過，此時頭腦就沒有餘力想其他事情，憎恨之心就會於心中浮現。

若是肚量比較小的人，就無法接受那是「自己的責任」，必定會想要怪罪給他人、環境，好比怪罪給父母親、兄弟姐妹、學校老師、公司的上司、同事等等。

當然，那些人們不會完全一點關係都沒有。實際上或許真的有點關係，環境的惡劣也是有可能。但是，如同我曾反覆地教導，首先還是必須回顧反省自己，從自己可以做的事情開始，一步一步地往前行。

的確，若是有他人的幫助，是一件很感激的事，然而，努力先從自己能解決的事著手之人，更能得到他人的幫助，天上界的靈魂們也更容易能夠給予援助。

「自己的不幸，都是因為父親被公司革職所造成的」、「因為母親的糟糕個性，自己才會變成這樣」、「因為祖父造成了交通事故，家裡的經濟才會被拖垮」、「班級幹部很壞心眼，所以自己在學校才會被霸凌，沒有辦法去學校」等等，的確世間當中有各式各樣的狀況發生。

雖然必須要去傾聽之所以會變成這樣的理由，然而，從最終來看，若是此人有著「還是必須自力更生」的企圖的話，獲得幫助的可能性將會變得很高。

之所以抱持「謙虛之心」是保護自己的理由

此外，多少具備靈性能力的人，有時會與惡靈進行戰鬥，此時要留意絕對不可慢心。

當然，比較弱的靈會比較容易戰勝。但是，在持續驅除惡靈的過程中，漸漸地就會遇到自己對付不了的強大惡靈。

終究一個人的能力是有限的，遲早會遇到比自己強大的對手。屆時，如果慢心自大、自我陶醉，把自己當成是偉大的神、佛、高級靈的話，就會變得連自己已被攻擊也沒有察覺。對此必須多加留意才行。

要抱持「謙虛之心」，並非僅是道德勸說，事實上，經常維持謙虛之心能夠保護自己。

用打仗來比喻的話，抱持謙虛之心或許就是「匍匐前進」。低下頭，以低姿態爬行前進，就不容易被子彈打到。同樣的道理，持續採取謙虛的態度，就不容易被惡靈、惡魔的子彈打到。

但是，很快就自滿的人、自我陶醉的人，心裡想著「厲害吧！就是我做的啊！就是靠我的力量，才做到這種程度，不簡單吧」，酒精下肚之後便開始自大起來的人，是很容易被「一擊命中」的。這種無法客觀看待自己的人，要被瞄準是非常容易的事。

打獵也是相同的道理，直直地站在那裡，很快就會被子彈攻擊。因此，我們必須要小心謹慎地往前行才好。

6 最終必要之物——透過信仰心與神佛成為一體

當「強敵」出現時，最終獲勝的力量

「降魔」並非是簡單之事，即便最初覺得沒問題，但漸漸地強敵就會出現。沒有那麼多人曾經歷如此階段，所以鮮為人知，不過請各位務必知道，「若沒有抱持信仰心，最終是無法獲勝的」。

如果你認為「只靠自己的力量就可以取勝」，那就大錯特錯了。或許有人看到自己眼前出現了靈性現象，或是認為自己多少有些超自然的超能力量，然而，我要強調，最終若非抱持對於神佛的信仰心，那就無法徹底

的防衛。必須要和神佛合為一體才行，若認為「自己一個人即能戰勝」，那就完蛋了。即便你認為能夠像宮本武藏一樣，「只要有一把劍，就能和幾十人對戰」，但那通常是行不通的。

例如，雖不知這部電影是否算是恐怖片，有一部叫做《康斯坦丁》（二〇〇五年）的靈界影片，主角是曾演過《小活佛》（一九九三年）的基努李維。

電影當中，主角吸菸過度罹患肺癌，此時惡魔出現，將他的肺癌去除了，他的靈魂脫離肉體到了靈界，經歷了各式各樣的事。只是，如果是跟這個主角相同類型的話，或許很難保護自己。

所謂的靈性能力，雖然有時是與生俱來的，但終究在世間還是必須不斷地修行，保護自己。例如，前棒球選手鈴木一朗，當他站上打擊區時，就會散發出絕不妥協，令人感到凜然的恐怖氣場。對於修行者來說，基本上也必須要具備那般態度。不可四處都是破綻，讓人有機可乘。

只要是人就會有欲望。渴望金錢、渴望地位、渴望伴隨著地位的權力與名譽。在掌握金錢、地位和權力之處，一定會出現美麗的異性，屆時就會渴望能得到異性的青睞。

如果這些欲望都在合理的範圍內，某種程度上也並無不可。例如，美國總統想與美麗的模特兒結婚，這是他個人的自由。人們只能對他說「想結婚是好事，若能對選舉有利，那就請便」。

但是，一旦超越了自己的分際，對於各方面都有強烈欲望的話，就可能會招致失敗。

累積小成功的重要性

我常常和各位說「要從平凡出發」、「要踏實地一步一步積累小小成功」，但這並非是要勸人「甘於平凡」。

當人企求巨大的成功時，就算偶爾一擊命中，打出了「滿壘全壘打」，但那並非每次都能打出全壘打，自己卻養成了揮大棒的習慣。有人只要品嘗過一次巨大的成功，就難以忘記那滋味。

因為這樣的原因，才會有人出版《億萬樂透得主的下場》這本書。基本上，人們中了大獎之後，不會遇到什麼好事。例如，中了小額的彩券，那還沒什麼關係，但如果中的是不符合自身器量的金額，那之後的人生多少就會變得危險。

我曾經看過一個不可思議的廣告，某個鄉下地方的麵店，突然在全國版的報紙上大打廣告。當時我很好奇「為什麼能刊登這麼大的廣告呢」，後來才聽說似乎是因為老闆中了頭獎，所以才能夠刊登那麼巨幅的廣告。不過，傳言是否為真就不得而知了。

無論如何，有資金得以讓事業運轉起來是件好事，但是當事業停擺、資金用盡的時候，習慣了那麼大手筆花錢，就很難縮減花費了，也許艱難的時期不久就會到來。

在高中棒球全國大賽中也是如此，當以高出對手十分、二十分以上的懸殊差距獲得勝利之後，接下來的場次大多會打敗仗。在比分上遙遙領先，就會讓人鬆懈下來。無論別人怎麼提醒「不可鬆懈」，但在心態上還是會變得鬆散，對此不可不留意。

武田信玄曾說「取得六成的勝利即可」，也就是說「就算打了勝仗，也會被他人發現哪裡有可乘之機」。人遭遇失敗時會讓人有可乘之機，例如失敗之後會讓人變得畏縮卑屈、膽怯喪失鬥志、總是為失敗找藉口等，而另一方面，人也會因為勝利而讓人有可乘之機。

從這層意義上來說，不可企求「不勞而獲」、「天上掉下來禮物」，重要的是要累積眼所可見的努力，至少要讓周遭人們認為「那麼踏實地努力，取得那樣的成就是理所當然的」。

這就是我常說「要累積小的成功體驗」的理由。獲得了巨大的成功之後，接下來的每件事都能順利進行的機率是千分之一或萬分之一，所以務必要堅定踏實地走每一步路。

在「為人的聰明」與「愛的表現方式」上出現可乘之機時

特別是年輕人，終究會在異性關係中經歷失敗。

然而，人在超過一定年齡之後，想法就會開始出現改變。人生整體總是必須維持平衡，當自己能夠判斷工作的大小、事情的輕重緩急、人際關係當中的距離感之後，就會知道自己在異性關係上，要如何保持適當距離、交往的深度，也會知道不可隨意開「空頭支票」。

就像這樣，當自己能勝任工作時，在與異性的交往上，自然就會出現某種程度的信用度，只不過對於年輕人來說，往往不具備那般信用度。

年輕時的異性關係，有時候會出現「羅密歐與茱麗葉」般的劇情，愛得死去活來，要不就是出現「把工作辭掉，私奔而去」的情形，再不然就是出現被逼到窘境的情形。

年輕的時候，有夢想，有各種可能性，但是無論一個人的頭腦如何聰明，遺憾的是其智慧也是有限的。即便周遭人們相勸「如果再有十年、二十年的經驗，你就絕對不會做出那樣的事」，但自己終究難以明白。

無論頭腦如何聰明，終究會因為年輕，進而做出蠢事。

另一方面，就算是一個不是很聰明的人，但若是有豐富的人生經驗，在世間活了好幾十年，目睹了眾多失敗之人、成功之人的各種樣子，此人能夠看出「啊～這樣下去就危險了」的事情。

經驗幾十年人生經歷的人，即便只有國中畢業，當看到他人快要失敗的時候，就能某種程度地看出「此人會因女人而失敗」、「此人會因喝酒而失敗」、「此人會因賭博而失敗」、「此人會因在工作上說謊而失敗」。

因此，一個人聰明或不聰明，未必能用考試分數來衡量。終究還是要看此人的「質地」。

特別是在「愛」的表現方式上，容易出現被惡魔鑽入的空隙。這在佛教、基督教當中也是這麼說。但是，只要還活在世間，就無法從愛當中徹底逃脫。這種在愛的關係當中的微妙距離感，著實有其難處。

因此，為了避免自己掉入那般「陷阱」，有人抱持著拒絕所有愛的人生態度。例如，像是僧侶、神父那樣的人。然而，很意外地，即便如此仍舊不斷有人遭逢失敗。

現代當中，人們說到「愛」往往會理解為「被愛」，這也不完全是錯的。那是因為，被人愛意味著「得到他人的支持」。

因為被人愛著，所以這份「對愛的執著」，有時會成為惡魔瞄準的目標。不過另一方面，也會因為被人愛著，所以才能得到保護，難以被惡魔攻落。

在愛當中，當然有特定的男女之愛，也有人得到了不分男女人們的關愛。這就像是運動會上，一顆大球被周圍不同方向的好幾根繩子拉緊，自己站在大球上，因為受到了眾人的支撐，所以不容易倒下。因此，在正當的意義上廣為眾人愛戴之人，是沒有那麼容易被打倒的。

然而，如果是很淺薄的愛，像是現代契約關係那種程度的愛的話，光是要不要「解除契約」，恐怕就會引發很大的騷動。最終，不管是愛人還是被愛，有時都會出現巨大損失。

也因此，原始佛教釋尊的教義中，甚至還講述了「不要愛上人」。只不過，釋尊自己也愛上了人。

即使講述了教義，但不想實踐教義之人無法獲得保護

無論如何，為了在覺悟之道上前進，要保持那般愛人的關係，妨礙會越來越多。

從這層意義上來說，從被認為記錄著釋尊話語的《阿含經》當中，可

以看到釋尊有著不近人情的想法。例如，經文當中有著這樣的描述：「雖然我能指出月亮的方向，但是看到月亮的是你們的眼睛。如果你們不用自己的眼睛去看月亮，我也無法勉強你們去看那月亮。」

這個比喻被稱為「佛陀指月」。「我能指出月亮的方向」，這是指佛陀能夠教導他人覺悟的方向、修行的方向、學習的方向，但要不要那麼實行，就是修行者各自的問題，若是能照著做，就能得救，若沒有照著做，就無法獲救。就像這樣，釋尊的態度很乾脆明確。這終究是一個曾經實際拯救過人，且經歷過無法將人救起之人所講的話語。

此外，弘法大師空海也有不近人情之處，甚至給人冷酷的感覺。

以前我曾看過一部講述安倍晴明故事的電視劇「陰陽師」，由稻垣吾郎扮演的安倍晴明，也呈現出一股佛教意義上的冷漠感。劇中有一句台詞，「被惡靈附身作祟之人能否得救，最終還是得看此人的造化」。被附身者自己如果有所察覺，就能得救。也就是說，如果此人意識到自己已被怨靈附身，進而找回自己的本心，端正自己意志的話，那麼就能夠得救。

但是，有時候會因為眼前之人是過去自己深愛的女人，但沒有發現她已變成了惡鬼羅剎，還緊抓著她不放。客觀來看，如果此人對於那只剩骨頭和皮的鬼，仍依戀不停的話，能否得救，就是他自己「個人的問題」，外人是完全沒轍。在那部電視劇當中，稻垣吾郎扮演的陰陽師安倍晴明，就曾說過那樣的話。

在陰陽師的想法中，事實上包含著許多佛教的想法。

即便同樣都是聆聽我的教義，有人能夠藉此獲得拯救，也有人因為封閉自己而無法得救，這在某種意義上也是無可奈何之事。

我正講述著「教義」，如果你能夠加以實行，就能夠保護自己。但是，不想要實行的人，就無法獲得保護。

因此，總是認為「自己是最厲害」的人，終究會在某時某處遭逢失敗。我們必須抱持著信仰心，否則將難以徹底地守護。因為人生當中的高低起伏，時而步入成功的軌道，又時而遭逢失敗，此時若是心靈搖擺不定，惡魔就會從心的縫隙中鑽入。

以上，我以「真正的驅魔師」為題，講述了為了成為驅魔師的基本知識。

第三章

作為宗教的專業驅魔師

——「真正的驅魔師」的問與答——

二〇一八年五月九日說法

收錄於幸福科學特別說法堂

Q1 檢查自己信仰心是否有所偏差的方法

提問者A 在方才的法話當中，您教導我們「最終若沒有抱持信仰心的話，則無法取勝」。然而，即便此人認為自己抱持著信仰，但有時仍會被惡魔纏住。

為此，請您賜教，要如何檢查自己的信仰心是否有所偏差。

當地位變得越高，就不再被允許之事

大川隆法 這的確是很難察覺之事，而且並非僅是宗教的問題。

舉例來說，當在職場上有所晉升，身處的立場改變了，那麼此人對事物的「判斷方法」、「對待他人的方法」就必須有相應的改變才行。此外，工作上的影響力變大之際也是如此。

以演藝圈來說，有人從出道之後，變成了全國皆知的明星，甚至是成為了世界級的巨星。越往上走，就越會受到如同對待政治家、企業家一般的待遇。

實際上，在藝能界當中也能獲得世間的勳章，而企業的經營者、學者、歌手、演員等，雖說行業不同，人們會根據他們對社會的影響力和貢獻度，給予相應的待遇。就像這樣，必須知道當自己的立場改變時，受到的待遇也會跟著改變。

關於「就算認為自己有著信仰心，但要如何判斷信仰心的強弱」的提問，這在宗教當中，終究和自己的地位高低有關。

當自己的地位變高之後，帶給眾人的影響就會變大，若是說了錯誤的話語，即會造成人們的困擾。

在拯救他人的時候，也是相同的道理。地位不是那麼高的人，好比被他人認為「此人應該是無法驅除惡靈」之人，或許不會引發多大的問題。然而，當被他人認為「身於那般立場，會那樣的事，應該是理所當然」時，至今尚未站上那地位之時，還不成問題之事，到最後就會變成大問題。

例如，都已經成為了幸福科學的本部講師，卻不知道什麼是「愛爾康大靈　戰鬥※」，或者是沒有讀過《太陽之法》（台灣幸福科學出版發行）。如果是職稱尚低之人或許還可以原諒，頂多會被別人說「你這

※「愛爾康大靈　戰鬥」　幸福科學中驅除惡魔的修法。收錄於幸福科學三皈依信徒（於幸福科學的三皈依誓願儀式中，誓願皈依「佛、法、僧」三寶之人）所領受的經典《祈願文①》（日本宗教法人幸福科學發行）中「擊退惡靈的祈禱」。

可不行啊」，但是職位越高的人，就難以被原諒了。

此外，一旦地位有所提升，通常就不再被允許「只自私地愛自己」。

的確，人在年輕的時候，都希望能得到他人的關注。如果是小嬰兒的話，就會哭鬧著「肚子餓了」、「想尿尿」、「大便了」、「想喝牛奶」、「想被抱抱」等等，總之，對他人的需求特別多。

然而，變成大人以後，就必須加強「自制力」、「抑制自己的力量」，站在上位之時，除了要抑制自己之外，還要為他人做出貢獻。年輕的時候總是僅考慮「自己的成長」，但自己的地位提升之後，就必須思索「如何讓他人成長」和「如何培育他人」。

隨著地位的改變，「所應具備的信仰強度」也會發生變化

就像隨著地位的改變，想法也會變化一樣，信仰心也是如此。一般人的信仰心，有時可止於「能夠保護自己就好」的程度，然而，若是此人的地位，或者是身處的立場有所改變時，至今的信仰心的強度，就可能變得不足夠了。

例如，一個是「在家信眾的身分，也沒有參與多少傳道活動」之人，在公司當中沒有和同事表明自己是幸福科學的信徒，和他人交際應酬之時，聽到對方說著「最近真的有好多奇怪的宗教啊」，即便回答「是啊」，或許也沒有任何關係。

然而，如果這位在家信眾擔任了支部的幹部，或者出家者擔任了支部長以上的職位，此時若是批判教義、批判比自己的地位還高的人，甚至開

始批判教祖的話，那就變成了「利益衝突」，此人就不可再待在那個位子上了。

如果是在公司的話，若是當面對老闆惡口相向，或是大剌剌地說著與經營理念相反的話語，此人就無法再待在那家公司，這或許是一個考驗此人「該如何成為一個大人」的問題。

此外，雖說要抱持信仰心，但也沒有必要標榜自己有著信仰心。

對此，耶穌・基督也曾對人勸誡。他常說「祈禱的時候，不要為了給人看而祈禱」、「要在人所不知的地方，靜靜地獨自祈禱」。有人會因為自己抱持著信仰心而自滿，「要如何才能讓人知道自己有著信仰心」，如此想法會讓虛榮心趁虛而入。為此，耶穌才會教導人們「祈禱的時候，要在安靜的地方自己獨自祈禱」。

從這層意義上來說，各位必須反問自己「自己到底抱持了幾成真實的信仰心」。

信仰心當中蘊藏著真實的力量

「信仰心的根源是什麼呢」，終究這跟「對真理了解到何種程度」以及「有多強的求道心」有著關係。換言之，就是「有多想要靠近神佛」。

此外，藉由抱持信仰心，能夠對那些愛著神佛、做為神佛的代理人於世間指導世人的人們，盡到保護的作用。那些神佛的代理人，經常會被生靈、死靈，或者是世間的各式各樣的存在襲擊，但是藉由眾人所匯集的信仰心，能夠對他們盡到保護的作用。如此信仰心非常重要。

就這層意義來說，恐怕日本對於信仰心就太過於寬容、放縱了。去到那些以宗教為精神支柱的國家，如果在當地說著「自己沒有信仰心」、

「自己沒有相信宗教」，此人就會被誤解「你還是人嗎」、「你是動物嗎」。

在日本，流行著「說自己沒有信仰心會被看作是知識分子」的奇怪風氣。如此風氣從明治時期開始，並且在戰後越演越烈。因此，我們必須建立起一種「以無信仰為恥」的價值觀。

為了讓人們意識到「無信仰是可恥的」，就必須在宗教界中，樹立「正當的宗教」，也就是「在某種程度上能夠被社會接受的宗教」。如果有太多奇怪的宗教的話，這就很難實現。我認為宗教界自己必須先開始進行改革運動才行。

縱使是一家公司也需要忠誠心，而信仰心是比忠誠心還要來得更為嚴肅，信仰心是有著實體力量的。

所謂的信仰心，除了是對於在上方的本尊，或者是教祖、過去的開山祖師的尊敬之心外，於此同時，在與惡靈、惡魔對戰之時，為了能與神佛合為一體，引來靈流，亦必須要具備信仰心才行。否則，就會完全變成自己獨自一人與其對戰，當對手變得強勁時，就無從保護自己。

例如，即便對方僅是單純的個人，但若是此人被五個、六個的附身靈附身，狀況就沒那麼簡單，自己可能就會被擊垮。如果對方僅是被「因交通意外而死的父親」附身的話，讓此人參加研修、供養法要，附身之靈應該就會返回靈界，但如果此人心境惡劣，十幾年來經常被五、六個附身靈交替附身的話，想加以處理，就不是那麼簡單的事了。

須知，面對這樣的人，若非透過教團，與中心佛產生連結的話，就連自己也會變得危險。

不可將「世間的價值秩序」帶到宗教的世界中

此時必須留意的一點就是，「不可以過於將世俗的價值秩序，帶到宗教的世界」，這是人們容易弄錯的地方。

信徒當中或許會這麼想，「這裡的支部長是這樣的人」、「那裡的館長是這樣的人」、「這個講師是這樣的人」。例如，或許有人會認為「這裡的館長是某三流大學的畢業生，而自己是一流大學畢業，是一流公司的菁英白領，所以這個館長的祈願，怎麼可能會有效」，就是因為這樣的想法，所以惡靈、惡魔才會無法加以驅除。

用佛教來說的話，釋尊在出家者進入教團時，就無視於他們的種姓，在教團當中種姓階級是不適用的。當時，是按照出家的順序，來決定誰是前輩、誰是後輩。或者有人「開悟了」、「成為阿羅漢了」，進而更靠近釋尊，得到相對應的地位。

「我是婆羅門（僧侶階級）出身」、「我是刹帝利（武士階級）出身」、「我是吠舍（商人階級）」、「我是首陀羅（奴隸階級）」，這種印度的種姓制度，在此人出家之時，一切都變得不管用。

從耶穌的弟子身上看到的「嫉妒」與「競爭」之人性

如此精神，也存在於耶穌的時代。

在過去耶穌的弟子當中，幾乎沒有什麼偉大的人物。例如，漁夫、稅務局的小公務員、耶穌的兄弟，也就是木匠的兒子，用現代的話來形容，就是木工坊的店員。

其實，耶穌的十二個弟子當中，學歷最高的是猶大。他在猶太教的學校中接受了良好的教育，後來加入到耶穌的教團。而且，因為他掌管財務，所以他既有「錢」又有「學歷」。

然而，這樣的人最後卻背叛了耶穌，因為他一直驕傲地認為「只有自己正統地學習了猶太教，有著教師的資格」。

因此，他被統治著羅馬的羅馬人，以及為羅馬人賣命的猶太教祭司們盯上，用現在的話來說就是，為了一些小錢，猶大就把耶穌出賣了。

在那之後，猶大意識到自己為了錢就把主出賣了，於是就上吊自殺了。我不知道那價值是相當於三萬日元，還是三十萬日元，總之他因為三十枚銀幣，就背叛了耶穌。關於這一點，還有人善意地解釋「那是因為猶大希望能看到奇蹟發生，看看耶穌如何自救」。

如同先前所述，猶大掌管金錢，也就是負責教團的財務和會計，但據說當時耶穌教團的經濟狀況一直很糟。

然而，女性們總是拚命地去侍奉耶穌，例如，有一位叫做馬利亞的女性，她用自己的頭髮沾抹當時相當於一整年收入的三百個銀幣的香油膏，也就是用差不多現在三百萬日幣的香水，塗抹在耶穌的腳上。

猶大看到此景便責備道：「為什麼做那麼浪費的事。把那香油膏賣了，就能有三百個銀幣，這足以支應一年的左右的生活費。現在教團財政這麼困難，明明應該將其用在解決這個問題上，怎麼會拿去用頭髮抹在腳上呢。」

對此，耶穌．基督說：「現在不要說這個。你們可以一直在這世上，但卻無法總是與我同在。你們與我別離之際已近。這位女性正對我表達最高的敬意，這是信仰心的表現，她正做著自己能做的最大奉獻。現在，她正做著會於歷史當中留下紀錄的事，就讓她做吧。」

雖然當時有人合理地認為「用那麼貴的香油膏來清潔雙腳，太奢侈了」，但耶穌卻說了「不，我最後的時刻就要來了。這個舉止將流傳兩千年，就讓她做吧」。

此外，還有「馬利亞與馬大」的故事。當時忙著為大家準備飯菜的馬大，嫉妒總是能照顧耶穌的馬利亞，便對馬利亞說「給我過來幫忙這邊一下啊」，之後她就被耶穌責備了。

就像這樣，若從世間的常識來看，他們所說的話聽起來有一定的道理，但若是從宗教的角度思索，就會發現其中終究參雜著人類的「嫉妒心」、「競爭心」。

基於信仰的價值觀，或許和世間的價值觀多少存在著一些差異，因此「世間中有價值的事物，也適用於宗教當中」的想法是錯誤的。反過來說，希望各位知道，世間當中視為沒有價值的事物，在宗教當中有時是會被視為有價值的。

在信仰的世界中維持「純粹」之心的困難

世間當中的地位、名譽，權力、金錢等，看起來很有價值，實際上有時也能派上用場。然而，有時也有不管用的時候。

例如，即便捐錢給宗教團體，身上的惡靈也不可能立刻退散。或許有人認為「我捐了這麼多錢，導師也出力了，惡靈一定被趕走了」，不能說沒有這樣的可能性。那般喜捨、佈施之心，的確是重要的心境。

然而，就宗教意義上來說，能否驅除惡靈，和此人的修行程度、信仰心有所關聯。在這層意義上，如果強調「佈施金額的多寡，決定了驅除惡靈的效果」，那就會讓人有加入了邪教的感覺，因此不可以將兩者混為一談。

總之，不可將世間的價值觀全都帶入宗教當中。若非抱持那般心境，就會出現金額多寡，決定了是否有效果的想法。

還有年齡的問題。有人或許會認為「自己雖然身為弟子，但是導師的年紀比自己年輕，所以不會全盤接受他所說的話」。

除此之外，還有男女性別的問題。有些人認為「因為對方是女性，所以聽不進去」、「因為對方是男性，所以聽不進去」。

又或者，還有人說「我才是重要角色」。

又或許有人會說「論修行，我的時間更長」。有人雖然已經是幸福科學的信徒了，但還是會標榜「我已經做十年的沖瀑布的修行了」、「我有做過籠山行」、「我曾做過千日回峰行」，聲稱自己做過嚴酷的修行，自己的名字曾登在報紙上，「不要把自己跟其他信徒混為一談」。然而，宗教的修行並非僅是這麼膚淺的。

總之，即使世間有世間的價值基準，但若是無法拋掉那些基準，那麼就很難在信仰的世界中維持純粹之心。

當然，工作上有職位的高低，但那也是包含了「方便」的意義。例如在幸福科學中，教團當中的職稱有其方便之處。但職位的高低，並非像是「官位」那樣有什麼了不起之處。終究每個修行者都需要磨練己心。

若沒有樹立信仰心，連自己也保護不了

信仰心不是拿來利用，也不是拿來炫耀的，如果不能感受到信仰心是實體的存在，既無法保護自己，也無法拯救他人。

因此，各位必須知道靈性能力也是有其極限的。唯有樹立起信仰心，才能持續地保護自己，也才能拯救他人。

的確，幸福科學的講師在精舍等地舉行祈願，會發生奇蹟。

然而，那是因為教團整體創造出了那般「磁場」與「信仰體系」，才發生了拯救的奇蹟，若認為僅憑一己之力也能興起奇蹟，這般想法即是錯誤的。如果有人這樣想，就很容易被惡魔附身，進而被惡魔所使喚，對此切勿搞錯。

幸福科學的靈言與其他團體的靈性現象的社會信用之差距

過去，曾經有一位直到一九九四年都是幸福科學的會員的人，聲稱「自己也可以降下靈言」，並帶走了一部分信徒。

當時本會暫時暫停收錄靈言，並展開了以理論書籍為中心的活動，此時此人就退出了教團。之後，他宣稱「大川隆法已經失去了靈性能力，但自己這邊能持續降下靈言」，進而私底下發行了靈言集，並建立了類似教團的團體。

然而，因為他沒有刊登報紙廣告，所以當時我不知道他的存在，直到聽到幸福科學的某個支部當中傳出「因為某人說著『大川隆法已經失去了靈性能力』，進而拉走了二十人左右的信徒」，我才大吃一驚。

的確，去比較大型的書店，就能夠看到在書架下方，擺著此人出版的像是靈言的刊物。

因此，我當時心想「原來他是用『大川隆法沒有了靈性能力』作為宣傳，把信徒給拉走了啊！既然如此，那我就繼續出版吧」，進而在那之後，我出版了五百本以上的靈言集（截至二〇一九年四月）。換言之，我想出多少靈言集，就能出多少靈言集。當我像是用B29轟炸機丟下眾多「炸彈」之後，對方的說法一下子就瓦解了。

此人所出版的靈言集沒有辦法刊登廣告，但我出的靈言集的廣告卻可以登上報紙版面。這實在是很不可思議，但這只能說是彼此的信用差距所致。

也就是說，有心之人即會明白，我在過去三十年所發佈的內容，和他人之間的差異為何，亦沒有什麼特別奇怪的內容。

例如，司馬遼太郎之靈談論愛國心的《司馬遼太郎論愛國心》（幸福科學出版發行）一書的廣告，在產經新聞報和讀賣新聞報當中，刊載了三分之一版面大小的廣告。

此外，不僅《文在寅守護靈VS.金正恩守護靈》（幸福

對歷史人物的靈或還活躍於世間的知名人士的守護靈進行招靈，並在眾人面前進行的靈言，已發行成冊超過五百本以上（截至二〇一九年四月）。靈言的主題除宗教以外，還涉及政治、經濟、教育、科學、藝能等多方面領域。

科學出版發行）的廣告刊登在產經新聞報的次版，渡部昇一的靈言集（《渡部昇一講述日本應注意之事 死後21小時 復活的訊息》、《渡部昇一論死後的生活》同為幸福科學出版發行）的廣告也刊登在報紙上。

產經新聞報或讀賣新聞報會刊登司馬遼太郎和渡部昇一的靈言集廣告，這意味著什麼，想必各位應該都知道。

司馬遼太郎曾是產經新聞報的記者，他辭職成為作家以後，小說也曾一直在產經新聞報進行連載。在報紙的社會版面上，用三分之一的版面，刊載了他的靈言集廣告，也許可以說那代替了當日社論的地位。司馬遼太郎之靈所說的，與產經新聞報的想法非常接近。因為這個緣故，這本書才會得到這家報紙的認同。

※ 才過世一年　渡部昇一（日本的英語學者、評論家）於二〇一七年四月十七日過世。

此外，雖然報紙也刊載了渡部昇一的靈言集的廣告，但距離刊載時間點，這個人才過世一年※，一般來說，報紙這麼做是有風險的。

或許到處都有自稱自己是靈能者之人，據某本刊物說「日本有一萬人左右」。如果這一萬人都能出版司馬遼太郎或者渡部昇一的靈言的話，那麼想必這個世界會大亂。

然而，他們也有著自尊，不可能隨便出現，他們會選擇出現在「與自己身分相應」的地方。如果他們到處出現在各地，就會被人說沒有節操。

或許有人會認為「渡部昇一先生是天主教徒，所以必須出現在天主教那邊」，但是我認為，這樣一來他就可能會受到異端審判，天主教那裡是不會出版靈言書的。因為可能會被逐出教會，所以現實中是不可能出版靈言集。兩個宗教之間存在著這樣的差異。

無論如何，這不僅需要世間的信用，信仰者自身的信用也很重要。

Q2

持續保持良好心境的方法

提問者B　我曾經聽過一個頗為棘手的事情，在參加擊退惡靈祈願的人們當中，有人能一時地悔改，重拾對於偉大佛神的皈依之心，當信仰心增強時，天上界之光射入此人心中，此人心境看似變得很有元氣。然而，不久之後因心境出現了起伏，又再次被惡靈附身，如此現象反覆出現好幾次。

對於這樣子的人，請您賜教，要如何穩定靈性或心境的安定。

「慣性法則」作用於心境的狀態

大川隆法 在從某種意義上來說，這是無可奈何的事，畢竟是凡人。

在進行祈願的地方，雖然可能會因為在緊張狀態下接觸到神聖之物而改過自新，但是回歸日常之後，就會回到原本的習慣，這就是凡人的常態。一般來說，都是如此。

在精舍等地，參加祈願和儀式時，有的人會感動流淚，有的人甚至會皈依，即使這樣的情形很少，但總比沒有來得好。然而，在家庭或職場當中，持續過著缺乏接觸神聖之物的生活，漸漸地，人心就會被拉回日常當中。

實際上，「慣性的法則」確實是存在的。活於世間，就會出現一定的方向性，即便突然想要加以改變，也不會立刻出現變化。在物理學上也有計算公式，電車在踩下剎車到停止之間，會持續往前一段距離，車子也是這樣。就像如此，因為有「慣性法則」，所以無法突然停止。

即便因為一時的說教或儀式，進而有所反省，但終究那僅是暫時性的，會不會故態復萌，是依此人過去抱持著何種人生態度而定。每個人過去的人生態度，都有著其「時間長度」和「重量」，這終究會深深地影響每一個人。

在過去抱持著某種程度的信仰心之人，因為教義或儀式而有了深刻感動，若此人決定改變思維，的確是比較容易改變人生的軌道。

然而，至今過的是完全與信仰心背道而馳的人生之人，或者是此人周遭的人們皆是完全不相信佛神，那麼就算此人「看到了守護靈」、「聽到了守護靈的聲音」、「導師讀誦經文時，感受光明射入了己心」，一旦回到了原本的環境、職場、家庭，那般經驗就會被完全否定。「不可能有那種事啦」、「那是幻覺啦」、「那是你多想的」、「那些都是宗教的洗腦」，被兩三個人這麼一說，想法就又會回到原來的模樣。

在佛教當中，對於人的根機有所謂「上根、中根、下根」的說法。上根的人，通常對於教義，很快地就能有某種程度的理解。而中根的人，若沒有做平常人的努力的話，則無法有所覺悟。若是下根的人，則是無論如何努力，都難以獲得覺悟。

自己是相當於何種程度，或者是某個特定之人是屬於何種程度，的確有難以判定之處。此外，在這「上根、中根、下根」當中，又各自有上、中、下的等級，所以每個人的根機層次，真的是各有不同。

因經歷了神秘體驗而意識到自身使命的保羅

雖然有人是宗教性格且非常靈性，然而因為沒有遇到機緣，進而一直過著與佛神之道完全相反的生活。然而，在過去的歷史當中，偶爾會出現因為某種契機，想法發生了一百八十度轉變之人。例如，「保羅的悔改」就是如此。

當時保羅並沒有見過生前的耶穌，他原本是隸屬於舊教會，即猶太教教徒，他不僅是聖職者，而且在耶穌死後，他還握有逮捕權，可以逮捕耶穌門徒。他雖然不是警官或保安官，但是他握有「如果發現耶穌門徒就可以加以逮捕」的權力，當時他從耶路撒冷來到現今正遭受空襲的敘利亞一帶，到處追捕耶穌的門徒。

然而，有一天在通往大馬士革的街道上，在大白天時，他突然看到因為一道炫目的光芒，進而倒下，之後的三天失去了視力。

保羅當時的名字是掃羅，當時治好掃羅眼睛的人，其實就是耶穌的弟子。就像過去耶穌曾用唾液洗淨失去視力之人的眼部，而這個名為亞拿尼亞的人把手放在掃羅身上祈禱，當掃羅睜開雙眼時，就恢復了視力。

就像這樣，這是一個因為白光而倒下，頓失視覺的雙眼，後來又重見光明的奇蹟。

此外，當白光降臨，掃羅倒地之時，據說他聽到了耶穌的聲音。「掃羅啊、掃羅啊，為什麼你要迫害我呢」，其實掃羅迫害的是他的弟子，但耶穌並沒有那麼說，而是說「你為什麼要迫害我呢」。

保羅曾經迫害耶穌的弟子，有很多人因此被逮捕處刑，但是當他經歷了神秘體驗之後，幡然悔悟成為了一名基督徒。

但是，當保羅那麼做之後，便受到了基督徒的質疑「他應該是間諜吧」、「應該是雙面間諜吧」，此外猶太教那一邊也認為「這傢伙倒戈投敵，是個叛徒」，他受到了雙方面的責備，哪兒都不能去。為此，保羅陷入了非常悲慘的境遇，儘管如此，他仍終其一生致力於傳教。最後，他與被倒掛釘在十字架上的彼得一樣，也被迫害致死。

保羅過去的確是與真理背道而馳，即便如此，終究他對猶太教的神抱有純粹的信仰，所以他本來就是一位和宗教緣分很深的人物。

但是他不相信對於作為新宗教的基督教，也從未曾見過耶穌，就在他覺得應該抹殺新宗教，迫害其弟子們的時候，他經歷了神秘的體驗，覺察到自己的使命。這樣的事偶爾也會發生。

光明瞬間射入心靈深處之時

應該也有人在其他地方，經歷類似的體驗。

例如，曾經有聽過一個長期坐牢的人，在獄中經歷神秘體驗，看到了耶穌的樣子，出獄之後變成了牧師的例子。

雖然有那般悔悟，進而相信佛神的例子，但是一般來說，終究自己的未來會建立在至今的人生的延長線上，「慣性的法則」會發揮著作用。因此，就算偶爾被帶往精舍參加活動，在當時會有所感動，但回到了世間之後，又會產生迷惑，其實是理所當然的事。或許必須要結交眾多擁有信仰的朋友，否則就很難加以改變。

然而，即便如此，若是此人讓周遭人們過於感到困擾的話，那就必須等待時機了。或許此人的「時機」未到，終究必須要耐心地等待此人的時機到來。

例如，公司當中的同事認為「自己是菁英，晉升都很順利」，即便覺得「這個教義不錯」，進而成為了會員，但要提升到真實的信仰，有時還需要一些時間。這樣的人，有時經歷了生離死別等痛苦經驗之後，就會真正地走入宗教當中。

就像這樣，有些人沒有遇到時機，就無法真正地明白。

前一陣子，我聆聽了幸福科學的廣播節目「天使的早晨呼喚」，主持人白倉律子小姐在節目當中提到「自己讀了幸福科學月刊上刊載的『心靈指針』，不禁哽咽了起來」。

「心靈指針」是我撰寫的，那一篇的內容※是「不可將人生的不幸怪罪給環境或他人，雖然不可相信基督教所說

※ 那一篇的內容　參照「心靈指針第161回『寬恕罪惡之力』」（刊載於「幸福科學」月刊2018年5月號）

的原罪，但即便如此，若沒有過去的業，終究有很多時候，無法說明現在自己為何會變成這樣」。據說她是讀了這篇內容之後，不禁潸然淚下。

就像這樣，曾經有過各種經歷的人，必定會經歷到光明射入心靈深處的時刻。然而，終究還有很多人，尚未體驗到如此經驗。

此外，女演員的小川知子女士，第一次見到我的時候，感受到眾多光明，淚水完全無法止住，也有人經歷過如此體驗。

終究，每個人都各有各的「時機」，所以必須要等待那時機的到來，「等待時機」也是一種愛。然而，我們必須要持續給予對方契機。

最後，就如先前所述的「佛陀指月」，要不要看那月亮是每個人的問題，若不用自己的眼睛去看，就不會知道月亮是何種模樣。雖然周遭之人能指出那月亮，但最後當事人要不要看，就是自己的問題了。

須知「憑藉自己的力量，有的人能得救，也有的人無法獲救」

進行了驅魔儀式，或許有些人能得救，有些人則無法得救。

關於這一點，有人會認為「因為無法加以拯救，所以這個教義一定是錯了」、「自己什麼都做不好」，然而，很遺憾地，有時此人無法獲得拯救，是因為此人尚未具備足以獲救之德。為此，不要因此而受到太大的打擊。既有能夠救人的時候，也有無法加以拯救的時候，這是無可奈何的。

至少，無論是多麼虔誠的信者，終有一天還是會從世間離開。無論會不會生病，最後一定會從這地上離開。從這個意義上來說，這個「賭局」是沒有變數的。但是，從「如何才能讓剩下的人生過得充實」的角度來說，人生還有各式各樣的選項。

就這層意義來說，不可太單純、太單細胞的那樣思索事物，應該要再更頑強一些，用更寬廣的視野去看世界。「人生之中，憑藉自己的力量，有的人能夠得救，也有的人無法獲救」，對此各位不可不知。

先前講述了「上根、中根、下根」，對此釋尊曾以蓮花來比喻。蓮花在泥沼中綻放，蓮花的花莖會從泥沼中長出來，有的花距離水面僅差一點距離。對於這樣的花，稍微施以援手，就能使其在水面上盛開。像這種蓮花的人，對此人說法，以教義加以引導，不久即能開花。

雖說都是蓮花，有的人尚處於水中一半的高度，還需要一些時間。還有人仍在水中深處，其花芽都還沒有冒出來。對於這樣的人，需要花相當多的時間，無法簡單地就能加以拯救。

釋尊教導人們，必須要仔細地觀察每個人的根機，對機說法才行。在某種意義上來說，或許這也是沒有辦法的事。

耶穌．基督自己雖然興起了眾多奇蹟，但當他回到故鄉之後，卻說著

「在故鄉當中無法興起奇蹟」。

在故鄉當中有很多人看著耶穌長大，「我知道他啊！從小就很調皮」、「他讓他媽媽很頭疼」、「他時常惹他爸爸生氣」、「雖然做著木工的工作，但經常偷懶，搞失蹤」，在這些熟知耶穌眾多事蹟的街坊鄰居當中，之所以難以興起奇蹟的原因，是因為他們對於耶穌·基督無法樹立信仰心。這些過去的朋友、親戚、鄰居，當然還有家人，都知道耶穌小時候的事、曾做過的不成熟之事，想必這些人無法輕易地相信、跟隨耶穌。

現今在我的故鄉日本德島縣開始建立著精舍，那也是因為我的年紀到了還曆之年，我才允許於川島町興建「聖地愛爾康大靈誕生館」。過去我在故鄉的朋友，大家也差不多都到了退休的年紀。到了這樣的年紀，自己在大家心目中的價值，大概差不多都確立了，人們應該都知道我是怎麼樣的人，因此我覺得到了興建精舍也無妨的時刻了。

如果在三十幾歲就在故鄉蓋精舍的話，或許會聽到不少不好的風評，所以我當時選擇在認識我的人比較少的大城市興建精舍。

就像這樣，此人能否徹底得救，終究和人的因素、環境的因素，以及和此人本身的「上根、中根、下根」等眾多問題有著關係，希望各位還能從「人間學」的角度加以思考。

並且，還要認識到佛陀的教義「最後，月亮只能從此人自身的眼睛去看」內含的意義。

後記

對於有實際靈性體驗的人來說，自然就會明白人是靈魂與肉體的結合體。而且，在人生的各個階段中，終會經歷到各種惡魔的誘惑，或被天使拯救的各種經驗。

但是，現代的學問和教育在「科學」之名下，讓那觀看這單純真理之眼變得朦朧不清。其結果，就是讓無神論者、唯物論者以及邪教的見解，跋扈橫行於世間。

一般來說，透過我的《正心法語》的ＣＤ、說法ＤＶＤ、佛法真理的學習、於精舍舉行的祈願，即能驅除惡靈，但是關於惡魔或惡靈的存在，法院或醫院是無法加以解釋的。

我所述說的驅魔師理論，在現代世界中是最先端的理論，那統合了基督教、伊斯蘭教、佛教、神道等片段的教義。希望各位能好好地學習。

二〇一九年四月五日

幸福科學集團創立者兼總裁　大川隆法

HAPPY SCIENCE

幸福科學集團介紹

幸福科學透過宗教、教育、政治、出版等活動，以實現地球烏托邦為目標。

幸福科學

一九八六年立宗。信仰的對象為地球靈團至高神「愛爾康大靈」。幸福科學信徒廣布於全世界一百多個國家，為實現「拯救全人類」之尊貴使命，實踐著「愛」、「覺悟」、「建設烏托邦」之教義，奮力傳道。

愛

幸福科學所稱之「愛」是指「施愛」。這與佛教的慈悲、佈施的精神相同。信眾透過傳遞佛法真理，為了讓更多的人們能度過幸福人生，努力推動著各種傳道活動。

覺悟

所謂「覺悟」，即是知道自己是佛子。藉由學習佛法真理、精神統一、磨練己心，在獲得智慧解決煩惱的同時，以達到天使、菩薩的境界為目標，齊備能拯救更多人們的力量。

建設烏托邦

我們人類帶著於世間建設理想世界之尊貴使命，而轉生於世間。為了止惡揚善，信眾積極參與著各種弘法活動。

入會介紹

在幸福科學當中，以大川隆法總裁所述說之佛法真理為基礎，學習並實踐著「如何才能變得幸福、如何才能讓他人幸福」。

入會

想試著學習佛法真理的朋友

若是相信並想要學習大川隆法總裁的教義之人，皆可成為幸福科學的會員。入會者可領受《入會版「正心法語」》。

三皈依誓願

想要加深信仰的朋友

想要做為佛弟子加深信仰之人，可在幸福科學各地支部接受皈依佛、法、僧三寶之「三皈依誓願儀式」。三皈依誓願者可領受《佛說・正心法語》、《祈願文①》、《祈願文②》、《向愛爾康大靈的祈禱》。

幸福科學於各地支部、據點每週皆舉行各種法話學習會、佛法真理講座、經典讀書會等活動，歡迎各地朋友前來參加，亦歡迎前來心靈諮詢。

台北支部精舍
台北市松山區敦化北路 155 巷 89 號

幸福科學台灣代表處
台北市松山區敦化北路 155 巷 89 號
02-2719-9377
taiwan@happy-science.org
FB：幸福科學台灣

幸福科學馬來西亞代表處
No 22A, Block 2, Jalil Link Jalan Jalil Jaya 2, Bukit Jalil 57000, Kuala Lumpur, Malaysia
+60-3-8998-7877
malaysia@happy-science.org
FB：Happy Science Malaysia

幸福科學新加坡代表處
477 Sims Avenue, #01-01, Singapore 387549
+65-6837-0777
singapore@happy-science.org
FB：Happy Science Singapore

國家圖書館出版品預行編目（CIP）資料

真正的驅魔師：The real exorcist／大川隆法作；幸福科學經典翻譯小組翻譯. -- 初版. -- 臺北市：台灣幸福科學出版，2020.12
240 面；14.8×21公分
譯自：真のエクソシスト
ISBN 978-986-99342-3-7（精裝）

1. 通靈術 2. 靈界

296 109011575

真正的驅魔師 The Real Exorcist

真のエクソシスト The Real Exorcist

作　　者／大川隆法
翻　　譯／幸福科學經典翻譯小組
主　　編／簡孟羽、洪季楨
封面設計／Lee
內文設計／黛安娜

出版發行／台灣幸福科學出版有限公司
104-029 台北市中山區中山北路三段 49 號 7 樓之 4
電話／ 02-2586-3390　傳真／ 02-2595-4250
信箱／ info@irhpress.tw
法律顧問：第一法律事務所　余淑杏律師

總 經 銷／旭昇圖書有限公司
235-026 新北市中和區中山路二段 352 號 2 樓
電話／ 02-2245-1480　傳真／ 02-2245-1479

幸福科學華語圈各國聯絡處／
台　　灣　taiwan@happy-science.org
地址：台北市松山區敦化北路 155 巷 89 號（台灣代表處）
電話：02-2719-9377
官網：http://www.happysciencetw.org/zh-han

香　　港　hongkong@happy-science.org
新 加 坡　singapore@happy-science.org
馬來西亞　malaysia@happy-science.org

書　　號／978-986-99342-3-7
初　　版／2020 年 12 月　初版一刷
定　　價／380 元

廣告回信
台北郵局登記證
台北廣字第5433號
平信

IRH Press Taiwan Co., Ltd.
台灣幸福科學出版有限公司

104-029 台北市中山區中山北路三段49號7樓之4
台灣幸福科學出版　編輯部　收

請沿此線撕下對折後寄回或傳真，謝謝您寶貴的意見！

真正的驅魔師

大川隆法
Ryuho Okawa

台灣幸福科學出版有限公司

真正的驅魔師
讀者專用回函

非常感謝您購買《真正的驅魔師》一書，
敬請回答下列問題，我們將不定期舉辦抽獎，
中獎者將致贈本公司出版的書籍刊物等禮物！

讀者個人資料　　**※本個資僅供公司內部讀者資料建檔使用，敬請放心。**

1. 姓名：　　　　　　　　性別：☐男　☐女
2. 出生年月日：西元　　　　年　　　　月　　　　日
3. 聯絡電話：
4. 電子信箱：
5. 通訊地址：☐☐☐-☐☐
6. 學歷：☐國小 ☐國中 ☐高中／職 ☐五專 ☐二／四技 ☐大學 ☐研究所 ☐其他
7. 職業：☐學生 ☐軍 ☐公 ☐教 ☐工 ☐商 ☐自由業☐資訊 ☐服務 ☐傳播 ☐出版 ☐金融 ☐其他
8. 您所購書的地點及店名：
9. 是否願意收到新書資訊：☐願意　☐不願意

購書資訊：

1. 您從何處得知本書的訊息：（可複選）☐網路書店　☐逛書局時看到新書　☐雜誌介紹
☐廣告宣傳　☐親友推薦　☐幸福科學的其他出版品　☐其他
____
2. 購買本書的原因：（可複選）☐喜歡本書的主題　☐喜歡封面及簡介　☐廣告宣傳
☐親友推薦　☐是作者的忠實讀者　☐其他
____
3. 本書售價：☐很貴　☐合理　☐便宜　☐其他
____
4. 本書內容：☐豐富　☐普通　☐還需加強　☐其他
____
5. 對本書的建議及觀後感
____
6. 您對本公司的期望、建議…等等，都請寫下來。
____
____

IRH Press Taiwan Co., Ltd.
台灣幸福科學出版有限公司